これからの働き方を変える！
できる教頭・副校長の仕事のワザ102

余郷 和敏

教育開発研究所

はじめに

　SNSによるつながりが個人の生活の中でより重要性を増し、生成AIの活用による業務改善が進められていく現代にあって、教育の世界も変革を余儀なくされています。

　コロナ禍によって1人1台端末が実現し、これまで学校とのつながりをもてなかった不登校の児童・生徒が学校とのつながりをもてるようになるなど、よい成果も見られてきました。

　教員は聖職者と言われていた古き時代の影を引きずり、自己犠牲の精神に支えられていた教育現場も、一人の労働者としての権利を保障する方向で改善が進んでいます。

　私が初任者の頃は「先生はまだ若いからいろいろ失敗もあるよ。でも気にしないでがんばろう。私たちも応援するから」と保護者に言ってもらえたことが、失敗も糧にしつつ仕事に邁進できる原動力になっていました。社会も保護者も児童・生徒も地域も変わってくるなかで、今の教員は初任者であっても一人前の完成された職務遂行者としての行動と成果が求められています。それが、教員の勤務を厳しいものとしてしまっているようにも感じます。

　そのような教職員の集団をまとめ、学校内の各種職務遂行を円滑に進めるための「学校運営」のスペシャリストが、教頭・副校長です。そのため、教頭・副校長には広い視野、先を見通した計画性、仕事を進めていく実践力が求められます。

「授業」において、ある学年の児童・生徒に理解できる言葉で、その学年にふさわしい内容を「適切」に教えることはむずかしいことです。その学年に必要な知識をその学年の児童・生徒が理解できるように言葉を選び、説明の仕方を工夫して、学ばせていくことや気づかせていくことができるのが教員であり、そこにこそ教員の専門性があるのです。

　その教員の専門性を遺憾なく発揮できるように学校の状況を整えていくことが「学校運営」の肝となります。教頭・副校長は、時には褒め、時には指導し、時には相談に乗り、時には一緒になって体を動かすなどさまざまな対応の仕方が求められます。

　学校にはさまざまな地域性があり、所属する教職員、児童・生徒も「百校百様」です。本著に書いてあることが全国津々浦々のどの学校でも実践できるわけではありません。別の視点をもったり、考え方をしたりしたほうがよいこともたくさんあると思います。お読みいただいた方が自分の仕事の仕方を振り返り、よりよい職務遂行につながればと思います。

　学校で一番忙しいと言われている教頭・副校長の皆さんが、自分の働き方を考え、よりよい「学校運営」に向かう一助となれば幸いです。

もくじ

はじめに・3

1章　学校を支える

① 校長との連携を深める・12

1-1　学校経営方針の実現を図る
1-2　教頭・副校長としての経営方針を立てる
1-3　積極的に提案をしていく
1-4　ToDoを文字化する

② 情報を収集し、対策を立て、発信する・20

1-5　定例で打ち合わせを行うとともに、いつでも相談を受ける
1-6　情報収集の道筋をつくっておく
1-7　巡回では七つ道具を必携する

③ 教職員を支える・23

1-8　指示・助言は具体的に行う
1-9　不平不満を業務改善につなげる
1-10　相手に笑顔で接し、いろいろな声かけをする

④ 安全管理を徹底する・28

1-11　さまざまな状況を想定する
1-12　複数による確認を徹底し、チェックリストを整備する
1-13　最後は自分で確認する

⑤ 校長をめざす・33

1-14　二の矢、三の矢を想定する
1-15　自分の考えに基づく具申を考えておく

2章　学校を動かす

1 教職員同士の関係を活性化させる・38

- 2-1　毅然とした態度で接する
- 2-2　少人数での協議の場を設ける
- 2-3　みんなの前で褒め、指導は個別で行う
- 2-4　教職員の仕事の進め方をつかむ

2 教職員から問題点を引き出す・44

- 2-5　教員の状況を把握する
- 2-6　教員以外の職員から情報を引き出す
- 2-7　組織を活用する

3 校内でのチームをつくる・49

- 2-8　校務分掌を活用してチームをつくる
- 2-9　予算の適正な執行を確認するチームをつくる

4 次年度の計画を立てる・53

- 2-10　実施時期を考える
- 2-11　目的をはっきりさせる
- 2-12　各種の情報提供をする

5 1年間を総括する・57

- 2-13　学校教育の管理——教育課程を振り返る
- 2-14　所属職員の管理——成長・成果を評価する
- 2-15　学校施設の管理——次年度につなげる点検・改善計画を立てる
- 2-16　学校事務の管理——予算執行を振り返る

6 教育委員会との連携を図る・62

- 2-17　部署による違いに対応する
- 2-18　困ったことは遠慮なく相談する
- 2-19　まずは一報を忘れず対応する

7 外部機関との連携を図る・67

2-20　どのような機関と連携するのかを把握する
2-21　児童・生徒の問題行動への対応で連携する
2-22　特別な支援を要する児童・生徒の支援で連携する
2-23　地域のサポーターと連携する

3章　学校を改善する

1 教職員の意識を変える・74

3-1　教職員の意識を改革する
3-2　やりがいを追求できる職場をつくる

2 分掌・分担を改善する・78

3-3　分掌のあり方を変える
3-4　人員不足を解消する

3 ICT機器を使う・82

3-5　教頭・副校長が使い方を理解する
3-6　ICT機器を指導に使う
3-7　ICT機器を業務に使う

4 授業研究を活性化する・93

3-8　全員が関わる授業研究にする
3-9　子どもの姿を語る協議会にする
3-10　協議会の指導・講評を改善する

4章　働き方を変える

1 教頭・副校長の業務を改善する・100

4-1　組織を活用する
4-2　教職員に仕事を任せ、進行管理は細かく行う
4-3　幹部職員と連携する
4-4　教頭・副校長の仕事を見直す

4-5　補助員等を活用する

② 教頭・副校長の仕事を工夫する・108

4-6　事務処理は一気に行い、事務処理をしない時間をつくる
4-7　処理が必要な文書は、色別に分類する
4-8　期限を守る

③ 教頭・副校長の働き方を変える・113

4-9　QOLの向上をめざす
4-10　ON・OFFを区別する
4-11　授業を楽しむ
4-12　多くの本を読む
4-13　自分の得意な世界を充実させる

④ 教育委員会との関わりを改善する・119

4-14　教育委員会を活用する
4-15　各種調査を業務改善につなげる

⑤ 教員の働き方改革を進める・125

4-16　業務を見直し計画的に業務を進める
4-17　ICT機器を活用する

5章　教員を育てる

① 計画的に人材を育成する・132

5-1　校内研究を通して人材を育成する
5-2　OJTを活用して中堅教員を育成する
5-3　長期休業を自己研鑽の機会として位置づける

② ミドルリーダーを育てる・137

5-4　日常の授業観察を定期的に行い、よい点・改善点を伝える
5-5　分掌に特化した声かけを行う
5-6　他学級の児童・生徒の話題を話す

3 ミドルリーダーの指導力を向上させる・141

5-7　良好な成果の実施計画の改善点を2つ考えさせる
5-8　課題のある実施計画の改善点を3つ考えさせる
5-9　「報告・連絡・相談」を確実に行わせる

4 若手教員を育てる・146

5-10　前週中に週案の内容を確認する
5-11　文書による情報提供はマーカーを引いて渡す
5-12　毎日必ず報告させる

5 若手教員の指導力を向上させる・151

5-13　指導担当教員からの「報・連・相」を徹底する
5-14　日常の授業観察をする
5-15　健康管理に配慮する

6 ベテラン教員のやる気を引き出す・155

5-16　評価をふまえた声かけをする
5-17　解決すべき課題を提示する
5-18　若手教員を活用する
5-19　ベテラン教員を活用して学校文化の継承と改善を図る

7 教職員を指導する・160

5-20　全体にかかわる指導はゆっくりと確実に行う
5-21　個々の教員への指導は個別に行う
5-22　教員以外の学校職員を指導する

6章　子ども・保護者・地域と関わる

1 児童・生徒の状況をつかむ・166

6-1　家庭環境を把握し、適切に対応する
6-2　特別支援教育の推進を図る
6-3　児童・生徒と関わる

② 保護者とつながる・170

6-4　全体に向けた情報発信を工夫する
6-5　個別の情報発信に配慮する
6-6　日常から挨拶と声かけをする

③ 保護者・PTAとの関わりを改善する・176

6-7　PTAとの関わりを改善する
6-8　保護者との関わりを改善する

④ 地域とつながる・180

6-9　学校行事で地域にアピールする
6-10　地域の方の家まで足を運び要件を伝える
6-11　地域の力を活用する
6-12　教職員を地域の行事に積極的に参加させる

⑤ 地域との関わりを改善する・186

6-13　コミュニティ・スクールを活用する
6-14　町会・自治会・商店会等との関わりを改善する
6-15　スポーツ団体・文化団体との関わりを改善する

おわりに・190

1章

学校を支える

1 校長との連携を深める

1-1 学校経営方針の実現を図る

　学校経営の基本は、明確な学校経営方針に基づいて、全教職員が一丸となって教育活動を行うようにすることです。校長は、年度当初に学校経営方針を立て、それを教職員に周知し、1年間の学校の教育活動を進めます。

　そして、年度当初に示した学校経営方針の実現には、日々個々の教職員への細かい対応をしている教頭・副校長が力を発揮し、さまざまな立場の教職員の力を合わせていくことが重要になります。

校長との情報交換を密にする

　校長は年度初めに出した学校経営方針がそのままでよいとは思っていませんし、どのように改善していけばよいかを考えています。しかし学校にいる時間が短く、自分の目や足で情報を得ることができない日もあるのです。

　教頭・副校長として、今、校長が何を考えているのかを知っていることは、日々の学校運営には重要です。伝えるべき内容を、「緊急・重要」「校内の業務」「校外の対応」など3段階に分類し、簡潔に伝えられるようにする習慣をつけておくとよいでしょう。「何かあるたびに五月雨式に

校長室に行く」というやり方は即時性がありますが、一つひとつの問題の関連性が見出しにくいため、正しい判断につながらないこともあります。

　朝の出勤時間前、給食の時間など、それぞれの学校でふさわしいと思う時間を考えて、いろいろ話をする機会をもちましょう。固定の時間がとれない場合には、職員連絡会終了後や検食時などを活用するのも一つの方法です。時間がとれないときにもメモを校長の机に貼っておくなどして、情報を伝えるのを忘れないようにしましょう。

報告の仕方を考える

　日々の職務遂行については教頭・副校長自身で対応できることが大部分ですから、「あえてこんな細かいことまでは報告しなくても」と思う案件もたくさんあります。しかし、「こんな細かいこと」も積み重なることで重要な情報となることも多いのです。

　「○○先生から△△という報告を受けたので、□□という対応をしました」「○○でこんなけががあったので、養護教諭に□□という指示をしました」など、実際に対応した後の報告でもかまいませんので、情報を伝えておくことが必要です。

　運営会議、主任会などを定期的に行っている学校では、そのなかで内容を絞り込んで報告することで、幹部職員へ報告の仕方の範を示すことができます。さらに、運営会議で共有すべき情報と、管理職間で共有すべき情報との仕分

けを意識的に行うこともできます。いろいろな機会を活用することで情報の流れがスムーズになっていきます。

校長は、教頭・副校長からのさまざまな「報・連・相」をもとに学校経営方針の見直しを行います。一つひとつの事柄は単純なものでも、積み重なっていくなかで何を改善したらよいのかを考える視点になるのです。教頭・副校長の「報・連・相」が学校づくりにつながっています。

1-2 教頭・副校長としての経営方針を立てる

学校資源の有効活用を考える

学校経営方針や学校経営計画は、校長が作成するものです。「その年度でどのような方針に沿って教育活動を進めていくのか」「どんな学校にしたいのか（学校像、児童・生徒像、教師像など）」等の学校経営方針は、最終的な責任者である校長が作成し、学校の全職員が協力してその実現を図ります。教頭は「校長を助け、校務を整理し、必要に応じ児童の教育をつかさどる」こと、副校長は「校長を助け、命を受けて校務をつかさどる」ことが職務ですので、当然ですが校長の掲げる学校経営方針の実現に向けて努力していかなければなりません。

しかし、教頭・副校長の役目は校長のイエスマンとして仕事を進めることではなく、経営方針の実現のために、教育課程の実施の進行管理を適正に進めていくことです。今の学校にあるさまざまな教育資源をどのように有効活用す

るかを考えていくことが必要です。

教頭・副校長の視点で学校経営を考える

施設面、予算面、人材面、環境面など、考えるための切り口は多種多様です。教頭・副校長が中心となって進める学校運営の視点で見ると、「○○を使って△△をしたら□□ができるのではないか」「△△と□□をつなげたら○○の効果が生まれるのではないか」など、具体的に考えることができるでしょう。

これら一つひとつは、細かい具体策かもしれませんが、その集積は教頭・副校長が考える学校経営方針にほかなりません。全部並べたら数百項目になることもあるでしょうが、それらを分類・整理していくと、その学校なりの傾向が見えてきます。

改善のための視点をもつ

「あることがすんなりと実施できた」という場合には、目標とすべきことのハードルが低かったか、「人・物・金」が順調に使われて機能していたということです。低いハードルならば、次はもっと高いハードル設定をしてもよいことになりますし、教育資源が適正に使われていたならば、組織として好ましい状態にあることの証です。

逆に、「あることの実施に予想以上に時間がかかった」「結果として十分な状態ではなかった」「うまくいかなかったので次年度に回した」という場合には、目標のハードル

が高すぎたか、「人・物・金」のどこかに阻害要因があったということです。いずれにしても、改善のために手を打つ必要があります。何をどうしたらよいのか悩みながらも、解決手段を校長と一緒に考えていく必要があります。

改善への具体策を考える

いろいろな事柄を具体的な解決策を通して検討し、細かい事象を集約していくと、現在の学校の長所と短所が見えてきます。ある程度集約されたものは、学校経営方針作成のための「原石」です。それをもとに、長所をより伸ばすために目標を掲げるのか、短所を改善するために目標を掲げるのかは、経営方針作成の意図にもよりますが、将来自分が一校を任されたときの目標設定の視点としても役立つでしょう。そして、その「原石」を校長に情報提供することで、校長の経営方針の作成に関与することもできます。

学校として2つの経営方針は必要ありません。しかし、教頭・副校長として自分自身が考える経営方針をもつことはたいへん重要であり、その内容を「報・連・相」しておくことは、校長を補佐することにもなります。

1-3 積極的に提案をしていく

ボトルネックを見つけて改善を提案する

学校が1年間の教育活動を行っていくためには、さまざまな立場の教職員が力を合わせていかなくてはなりません。

"校長が立てた経営方針に基づき、学校運営の要として教頭・副校長が采配を振り、それに応じてミドルリーダーである主幹・主任層の教員が適正な教育活動を進めるための計画立案と実施に関する進行管理を行い、若手教員がミドルリーダーの指導を受けつつさまざまな実践を通して力をつけていく。さらに、事務職員、用務員などの職員が教育活動を支えるためのさまざまな職務を遂行する。そして、子どもたちが笑顔で学習する。"

　このように教育活動がスムーズに展開できている学校が理想的ではありますが、現実には少ないのではないでしょうか。どこかにボトルネックがあり、そこでの停滞が、学校全体の教育活動の支障となっていることがあります。だからこそ、学校運営の要である教頭・副校長は校内の各種情報を収集し、ボトルネック解消のために各種の対応をしていくことが重要になります。

　学校現場の現状を細部まで把握し、今の課題とその解決策を具体的に思い浮かべる機会が多いのが教頭・副校長です。校長は、校長としての視点で学校の今を考えていますが、考える際に教頭・副校長の報告や提案は貴重なものとなります。現状を総合的に把握したうえでの、何がボトルネックになっているのかについての報告や、今は実施していないけれども新しい取り組みが可能だという状況など、教頭・副校長から提供される情報は次の一手を考えるうえで重要です。

　報告をする際には、「○○でした」という状況報告では

なく、「○○の様子が見られるので△△をすると効果的だと思います」「○○が△△となっているので、□□については期限を前倒しした方がいいように思います」など、具申を含んだ報告があると、校長はそれをもとにして自分の考えと比較しながら検討することができます。

多様な策を考えておく

実際には具申したことが取り入れられないこともたくさんあると思いますが、それを気にするのではなく、現状がうまくいっているのならば「うまくいっている」という報告をし、問題点があるならば問題点の所在とその解決策を提案していくことが、よりよい学校づくりにつながります。

気をつけなければならないのは、場当たり的なその場の問題点の解決の提案に終始しないことです。提案する際には、「これがよい」という提案だけではなく、二の矢、三の矢となる腹案をもって臨むことです。

その場の解決策としては妥当でも、長期的に見ればもっと別の方法がよいこともあります。1年間の学校全体の流れや、次年度までも見据えた視点で検討・提案していくことが必要です。

1-4 ToDo を文字化する

仕分けした ToDo を校長と共有する

教頭・副校長の日々の仕事はいくら処理をしても積み重

なっていき、「いつの間にこんなにやらなければならないことが増えたのだろう」と思うことがあります。自分の仕事を明確にして優先順位をつけるためにも、「ToDoを文字化して、リストとして管理すること」をおすすめします。

リストを打ち込む作業自体が仕事を増やすことになっている、という考えもありますが、ToDoをリスト化することの目的は、仕事を意識化し、校長と共有化するということにあります。

最近では、校内での文書共有システムなどが一般化してきていますから、ToDo用のExcelファイル等を作成して、「経営課題」「提出文書」「施設対応」「職員対応」「児童対応」などに仕分けして記入し、校長との共有フォルダに保存していけば、いちいち印刷しなくてもToDoが共有できます。うまく機能すれば、「報・連・相」の一つとしても使えます。また、校長も、今、何が進んでいて何が滞っているのかを教頭・副校長に細かく確認しなくても一覧で見られるので、「報・連・相」を効率的に進めることができきます。

学校づくりに生かせる視点を見つける

自分の仕事を整理し把握することは、そのなかから重要な課題を見つけたり、いくつかの事柄を関連させたりして「学校づくり」に生かす視点を見出すことにつながります。

学校づくりを行うということは、学校の経営方針の具現化のために、基本的なルーティンを確実に進めていくこと

と、問題解決の積み重ねをしていくことです。どちらを進めるにしても、場当たり的に目の前にあるものをこなしていくだけでは十分とはいえません。いつまでに、何を、どのようにすることが大切かを考え、計画的に進めていくことが求められます。そのためにこそToDoリストを活用したいものです。

2　情報を収集し、対策を立て、発信する

1-5　定例で打ち合わせを行うとともに、いつでも相談を受ける

定期的な打ち合わせを活用する

　教職員から突発的に「実は相談が……」という相談を受ける場合、あまり好ましくない状況になっていることが多いように思います。教員、事務職員、用務員など職種を問わず、定期的に打ち合わせをしたり話を聞いたりすれば、自分では把握しきれなかった学校の状況がつかめます。困った状況になる前に状況を把握しておけば、より適切な対応ができます。

教員には積極的に声をかける

　教員との打ち合わせは、授業があるため定例化がむずか

しい面があります。しかし、空き時間などで職員室にいる機会の多い日は決まっています。そのような日を活用していろいろ声かけをし、分掌した職務についての進行管理を行ったり、学年・学級の現状を報告させたりしながら、必要な相談に乗る機会を積極的につくっていきましょう。

　教員一人ひとりは日々の業務に追われて職員室に来てもなかなか話をする機会がないということもあると思いますが、だからこそ、声かけをして相談に乗ることが大切です。ちょっとした話題から、学級についての問題点が浮かび上がり、その解決についての対策をとることができたということはよくあります。

　学校運営をスムーズに行うには、教職員と頻繁に意思疎通を図りさまざまな情報収集を行うとともに、その情報をもとに次の一手を考えていくよう心がけることが肝要です。

いろいろな職種の方の声に耳を傾ける

　教員目線ではない見方をしている職員だからこそ気がつくことは、多岐にわたります。いじめなどの児童・生徒の問題行動や不登校等に関すること、教員の指導力に関すること、施設改善に関することなど、さまざまな情報をもらいながら、それを教頭・副校長としての職務に生かしていくことが大切です。

　事務職員、用務員、栄養士など、直接児童・生徒への指導を行わない職員とは、最低週1回は打ち合わせをしましょう。その際重要なのは、その職員の職務についての話に

加えて、雑感でもよいので学校について気づいたことを情報として提供してもらうことです。雑談のなかから得られた情報が、学校運営に資する情報であることは多々あります。

1-6 情報収集の道筋をつくっておく

情報収集のネットワークをつくる

学校運営においては、収集した情報の質が問われてきます。主幹教諭や主任、学校職員と連携し、質のよい情報が流れてくるネットワークを構築していくことが大切です。

そのためには、誰にどのような指示をしたら、どんな経過をたどるのかを確かめておきましょう。緊急時の備えとして、日常的に情報収集の道筋を確認し、適正な情報を得るためには、誰にどんな指示をしたらよいのかを確認する習慣が重要です。このような経験の積み重ねをすることは、校長として学校経営をしていく際にも役立ちます。

1-7 巡回では七つ道具を必携する

巡回の七つ道具を準備する

校内の教職員から情報収集をすると同時に、自分からも情報発信していくことが大切です。管理職として毅然とした指導を行っていくことはたいへん重要ですが、具体的な情報収集に基づかないと感覚的な指導になってしまいます。

校内巡視は情報収集のいい機会です。そんなときに必要になってくるのが、巡回の七つ道具です。

何を持って出るかは人により違いますが、私の場合は①デジタルカメラ、②ポケットに入るサイズの大きめの付箋、③ペン（筆記用具）、④小さなメモ帳、⑤ラジオペンチ、⑥小さいセロテープ、⑦携帯電話、でした。最近ではスマートフォンやタブレットが①や⑦の代わりになるでしょうか。

巡回中に気がついたちょっとした不具合はその場で対処します。メモや写真は、それをもとにして後の指導に使います。「あのときこうだったね」ということを、正確な日時メモや写真を使って指導することは非常に効果があります。校長の学校経営方針を具体化していくために、自分なりのさまざまな方法を考えていくことが重要でしょう。

3 教職員を支える

1-8 指示・助言は具体的に行う

経営方針の具体化の方向を考える

年度当初の校長からの学校経営方針（学校経営計画）は、具体的ですぐに実行できる行動指針として出されるものもありますが、理念的な方向性を示したものが出されること

もよくあります。各教職員は４月に学校経営方針を聞いた後、その内容を理解し学級経営案等に落とし込み、学級経営・学年経営・教科経営に生かそうとします。しかし、目の前の課題に追われ、その解決に四苦八苦しているうちに、経営方針の具体化という視点が欠けてくることがあります。

　目の前の課題の解決に向けた指導は後追いになりがちで、その場の問題の解決には直結しますが、学校経営方針を具現化する方向に向いていないこともあります。

具体的な指導につなげる

　問題点の解決に向けて教員の相談に乗る際には、学校経営方針をどのようにしたら具体化できるのかを考え、問題点の背景にまで言及するような助言をすることが重要です。

　「子どもの思いに寄り添った指導を行う」というのが学校経営方針の１項目であれば、若手教員に対してなら「子どもの思いを汲み取った対応をしましょう」ではなく、「毎朝必ず声かけをして、話をしっかり聞きましょう。そのときには否定的な言葉かけは避けて、聞くことに専念しましょう」と伝えたほうがわかりやすいですし、中堅教員なら「毎日の声かけを欠かさず行い、子どもの姿を記録して、変化を見つけてその理由を明らかにしましょう」と伝えたほうがするべきことがわかります。

　授業観察を通した指導においても、「発問がぼやけているね」「子どもたちがいい表情をしているね」と伝えるよりも、「○○のときに△△と発問していたけれど、□□と

発問したほうが子どもの意見が集約されるよ」「○○と発問したときに、△△さんがじっと黒板の文字を見ていたよ」などと具体的な場面や言葉を通した指導をするほうが、すぐ次の指導につながります。

あいまいな指示や助言は感覚的にはわかっても、具体的な指導の改善にはなかなかつながりません。できる限り具体的な指示や助言となるように心がける習慣が必要です。

1-9 不平不満を業務改善につなげる

不平不満の原因を探る

多種多様な業務、保護者対応に追われ、教員は常に多忙感をもって仕事をしています。学習指導で忙しいのならば「本務だから仕方ない」と思えますが、雑務で忙しければ忙しいほど、不平不満が溜まってきます。しかし、雑務をこなしていかなければ学校の業務は滞る一方ですから、どのように雑務を進めさせるかが大きな課題の一つです。

与えられた業務は分掌の範囲ですから、不平不満があるということは、業務遂行の効率が落ちているか、適正に業務を行えていないことの表れになります。頭ごなしに「○○ができていない」と指摘しても、不満を増やすだけでなかなか改善にはつながりません。じっくりとどんなことを不満に思っているのかを聞き出すことが重要です。分掌業務がその教員の適性に合っていない、やり方がわからない、同じ時期に至急の業務が重なったなど、会話のなかから問

題の本質が見つかることもあります。そのときこそ、業務改善の最適な機会です。

🏐業務改善の機会につなげる

　個人の嗜好による不平不満は言下に却下すべきですが、適性に合っていない場合は業務遂行に支障を来しますので、校長に担当替えを具申することも含めた対応が必要です。また、無駄な作業が多いことがわかった場合には、その教員に改善策を提案させるのもよいでしょう。前の記録がないので反省に基づいた企画提案ができないという場合には、学校全体をあげて「記録の集積と確実な継承」という業務改善を行うよい機会となります。

　やりがいがもて、仕事の成果が実感できれば不平不満は減ってきます。自分の能力を生かす場を与えられたことを嬉しくも感じられます。そのような行動の積み重ねが、校長と教職員の良好な関係をつくっていきます。

　「○○はいつも不満ばかり言う」と考えずに、よい業務改善の機会をもらったと前向きにとらえて行動する習慣が重要でしょう。

1-10 相手に笑顔で接し、いろいろな声かけをする

🏐教職員のモチベーションを高める

　教職員が積極的に自分の職務を遂行しようとしているときは、学校運営はたいへんうまくいっているということで

1章　学校を支える

す。一方で、教職員の仕事へのモチベーションが低く、仕事が中途半端だったり、簡便な方法に流れようとしたりすると、協働した職務遂行はむずかしくなります。その背景には、「自分が認められていない」という不満感が多く見られます。

自分が求めているときに求める対応をしてもらっていないなどの不満が積み重なった結果、モチベーションが下がっていきます。社会人としては未熟な状況ではありますが、それを嘆いていても始まりません。

🔄 一人ひとりを認め、積極的な声かけをする

改善のためには、教頭・副校長が率先して笑顔で声かけをして、している仕事を肯定的に受け止めた声かけをしていくことです。困ったことや相談があって職員室にやってきたときに、教頭・副校長がパソコンに向かって黙々と仕事をしており声もかけづらい雰囲気であったら、その後なかなか相談にやって来ようとしなくなります。切羽詰まってやってきたときには事態はどうしようもない状況になっていた、というのはよく聞く話です。

それを未然に防ぐためにも、日常の学校巡回の際に話ができるネタを仕入れておき、相手から声をかけてくるのを待つのではなく、自分からネタに関する話題を振って相手の話しやすい雰囲気をつくり出すことがポイントです。

何もなければそのまま「がんばれ」とエールを送ればすみますし、何かあるときにはそこから相談につながります。

3　教職員を支える

その際には、むずかしい顔は禁物です。笑顔が相手の心を引き出すポイントになります。具体的に厳しい指導をする際の顔と、相手から情報を引き出す際の顔を使い分けていきましょう。

4 安全管理を徹底する

1-11 さまざまな状況を想定する

常に安全管理について啓発する

　安全管理と一言で言っても、施設における安全管理、食物アレルギーにかかわる安全管理、校外学習等の実施にかかわる安全管理、校内での児童・生徒の行動に伴う安全管理など、多種多様な状況があり、それぞれの状況に応じた安全管理が必要になります。

　児童・生徒の安全に対する意識は近年低下傾向にあり、対応力も低下してきています。「そんなことをしたらけがをするだろう」と思うことを行い、指導すると「そうは思わなかった」と平然と答えます。「なぜこんなところでこんなけがをするのか」と思うこともよくあります。さらに、突拍子もない場面でけがをしたりけがをさせたりすることもあります。

　教頭・副校長がさまざまな場面を想定して「○○の可能

性がある」と教職員へ啓発していくことが重要です。

🌀 危機予測をしながら校内巡視をする

　教頭・副校長が毎朝の校内巡視で行う施設の状況確認は、安全確認という視点で実施している面も多いでしょう。施設自体の損壊状況だけではなく、廊下や教室内の物品の配置状況、掲示板や壁からの突起物など、児童・生徒のけがや事故につながりかねないことについては敏感に見ているはずです。

　その際には、「もし〇〇だったら」と考えながら先の状況を予見して対応を考えたり、指導のポイントを見つけ出したりしていくことが大切です。

🌀 常に適正な手順を意識させる

　近年は、食物アレルギーへの対応がしっかりと行われるようになってきました。細かいところにまで配慮した対応により、アナフィラキシーショックによる事故はほとんど聞かれなくなりました。しかし、慣れによる事故の可能性はなくなりません。

　「手順どおりやっていた」という言葉が言い訳にならないように、常に真剣に取り組む必要があります。折に触れて教職員への啓発を行うとともに、給食配膳の時間の巡回により、気持ちのゆるみを確認していく必要があります。

最悪を想定した実施計画の立案を意識させる

　遠足や宿泊活動など学校から離れたところでの活動では、実地踏査の報告を聞きながら実施計画についての検討を行わせることが重要です。「○○の場合にはどうするのか」「△△のような状況になったら」など最悪の状況を想定しながら、実施計画の立案そのものに関わりましょう。

　実施学年に任せっぱなしで、実施計画が固まってから指導・助言をしても、なかなか安全面にまで配慮された計画にならないこともあります。前例を踏襲した計画であればあるほど、十分な安全管理が行われないことがあります。

1-12 複数による確認を徹底し、チェックリストを整備する

慣れに陥らない業務遂行の仕方を考える

　どの学校でも月に1回以上、校内の安全点検を行っているでしょう。結果を点検簿にまとめ、施設の安全確認に遺漏がないように備えているはずです。

　しかし、定期的になればなるほど点検の目に慣れが生じます。問題が生じたときに、「点検をしていたのですが、見落としていました」ではすまされませんが、一人で同じところを同じように点検すれば、見落としが生じても仕方ないと言わざるを得ません。

　重要なのは、複数の視点で点検を行うということです。一人では見落としがちなことも、複数で同じところを見る

と、気になる点が出てくるものです。また、一人では疑問に思う程度でも、複数で声に出して「ここは〇〇かな」と確認することで、改めて問題のある箇所に意識を向けることができます。

　また、同じところを同じ人が1年間担当するのではなく、月ごとに場所を決めてさまざまなところを順に点検していく方法も、マンネリ化を防ぎ、新たな視点で安全管理を行っていくために有効です。

役に立つチェックリストを作成する

　大丈夫であることを確認するためにも、しっかりとしたチェックリストをつくって、「問題ない」ということを明確にすることにも意義があります。チェックリストをつくる際には担当任せにするのではなく、一緒につくっていくという意識で対応することが重要です。

　大雑把なリストや、細かすぎて点検する気が起きないリストでは困ります。必要十分なリストになるように関わっていきましょう。

複数による点検、確認を徹底する

　施設の安全管理だけでなく、各種学習活動や日常の学校生活でも複数による点検体制を構築することが重要です。実施計画についても、担当→主任→主幹教諭→教頭・副校長→校長の順に目を通し、確認するようにしましょう。

　作成した実施計画を、「時間がないから先に決済してく

ださい」などと教頭・副校長に申し出てくる教職員は、組織人として論外です。そのような申し出があった際は、指導する絶好の機会です。安全管理は「石橋をたたいて渡る」意識で取り組むべきことを徹底的に伝え、複数の視点から十分に検討することの必要性を伝えましょう。

1-13 最後は自分で確認する

最終点検は教頭・副校長自身で行う

どれほどしっかりと点検しても、「完璧」はありません。しかし、安全管理をしっかりするという意識をもって、複数の目で点検し管理していくことで、大きな危機を避け、小さなミスを起こさないようにすることができます。

施設の安全点検を教職員に全面的に任せてしまうという教頭・副校長はいません。日常の点検で教職員が気づかなかった点は、最終的には教頭・副校長が自分の目で点検することが必要です。指摘された点はその場所だけではなくほかの箇所にもあり、しかしそこでは指摘されず見過ごされていた、ということもあるからです。教頭・副校長は施設管理の責任者として、学校全体を見渡して、安全管理を行っていくという意識をもち続けることが重要です。

時間をおいて検討することも必要

また、実施計画や児童・生徒指導に関することは、すぐに結論を出さず、1日寝かせてみることも必要です。その

ときには「これで大丈夫」と思っても、ひと晩経ったら新たなポイントが生まれ、見直しをする必要が出てくることがあります。

　安全管理は、確実性を担保しながら行うことが大切です。即座に結論を出すことを優先せず、「自分の目で」「よく考え」「確実に」をモットーに進めていきましょう。「急がば回れ」が重要になることも多々あります。

5　校長をめざす

1-14　二の矢、三の矢を想定する

職にふさわしい行動を考える

　学校経営と学校運営には大きな違いがあります。校長と教頭・副校長は管理職として学校経営に携わっていきますが、その職務の大きな違いは、校長は学校経営の要であり、教頭・副校長は学校運営の要であるということです。

　法的には、教頭と副校長はその職責に違いがあり、校長が「校務をつかさどる」のに対して、副校長は「校長を助け、命を受けて校務をつかさどる」のであり、教頭は「校長・副校長を助け、校務を整理する」ということになります。それぞれの職の権限をふまえてどのように判断し、行動するのかを日頃から考えておくことが必要です。

状況に応じた最善策を考える

　校内で問題が発生したときには、管理職はその対応に追われます。けがや事故、苦情対応、その他想定外の事態になったときには、最善の筋道で解決に向けての対応を考えていかなければなりませんが、その時点で最善の策と思われることでも、さまざまな事情からその策が取りにくいということもあります。

　事故が起こった際には、校長はその事故の詳細な内容の確認のために、教頭・副校長に情報収集を指示します。報告を待つ間に、事故の概要から、どのような対応が必要かを何通りも想定します。そして詳細な報告を聞き、想定した対応のなかから最善と思われる対応を指示します。

　そのときに指示する対応は、状況判断により想起した際の「最善」ではなく、「次善」や「次々善」ということもあります。時間をかけて検討した「最善」よりも、即時性のある「次善」のほうが必要なことはよくあることです。

校長の視点で考えておく

　教頭・副校長は情報収集の指示を受けたときに、主幹教諭や主任、養護教諭、事務職員、用務員などさまざまな職種の職員に情報収集の指示を出して、刻々と入ってくる報告を待つことになります。

　ここで大切なのは、教頭・副校長として「どのような対応が必要か」を考えると同時に、「自分が校長なら、どんな情報が必要か、どんな対応をするか」を考えることを習

1章　学校を支える

慣とすることです。そのときには、一つの対応策だけではなく、二の矢、三の矢となる複数の対応策を思い描きます。

そして報告するときも、たくさんの情報を並列的に並べるのではなく、重要度・優先度に応じ、対応策に必要な情報として関連づけて報告できるよう、情報を整理する習慣も重要になります。

1-15 自分の考えに基づく具申を考えておく

日々の学校運営のなかで問題点を見つける

校内に問題のないときは、自分の仕事を進めるよい機会であり、自身の学校経営に関する感覚を養うよい時期にもなります。問題がないときだからこそ、学校全体をよく見ていくと学校経営上の課題が浮かびあがってくるものです。

教育課程のこと、教職員のこと、分掌組織のこと、施設のこと、児童・生徒のこと、保護者のこと、地域のことなど、見つめ直してみると「もっとこうなったらよいのに」と思うことはたくさんあるはずです。今がうまくいっているからよいのではなく、さらに改善していくにはどうしたらよいかという課題意識を常にもつ必要があります。

現状に満足している校長は多くありません。日頃から「こうしたい」「こうなったらよい」と学校改善のための方針を考えています。そこで考えている方針は、短期的にすぐに実施するために機会を見ているものと、中長期的な改善のために「いつ、どの時期にどのように示していくの

か」のタイミングを図っているものとがあります。

🌀 アイデアをストックしておく

　教頭・副校長として自身の仕事を進めていくときにも、単に効率的に仕事を進めるのではなく、この仕事の結果が何に反映するのか、この仕事を置き換えるとしたらどんな方策があるのか、いま目の前にある仕事ではなくほかにすることはないのか、などを考えていく習慣を身につけておきましょう。

　そして、形にならないいろいろなアイデアや、少し具体化したアイデアなどをたくさんストックし、アイデア集をつくっていくこともいいでしょう。

　ある程度、形になってきたら、校長へ具申する準備も必要です。校長から指示を受けてから考えるのではなく、指示を受けたときには、「こんなことを考えていましたが、いかがでしょうか」とすぐに具申できるとすばらしいと思います。

　学校経営に関する策を練るときには、「理想としてはこうしたい」と考えられることでも、「現実的には無理が生じる」ということもあります。その学校に応じた策をもって、学校の実情に合った具申をすることが必要ですが、理想的な姿をもっていないと場当たり的な具申になってしまいます。「本当ならばAでありたいのですが、現状から考えるとBではいかがでしょうか」と提案できるようになるとよいと思います。

2章

学校を動かす

1 教職員同士の関係を活性化させる

2-1 毅然とした態度で接する

毅然とした態度で最適な対応を心がける

　教職員間の人間関係が良好であると、意思疎通も良好で、各分掌などの進行もスムーズにいきます。逆に険悪な人間関係が一部にでもあると、学校全体の教育活動がスムーズにいかなくなることもあります。教職員にはそれぞれの個性や考え方があり、職種や立場が違うわけですから、すべての教職員が同じ考えに立ち、同じ方向を向いて職務を遂行するということは考えられません。そのため、教頭・副校長として、どのように教職員と関わり、学校運営をしていくのかが問われてきます。

　当たり前のことですが、学校は教育活動を行う場であって、仲良し集団をつくるところではありません。職務遂行に支障が生じる場面では、学校運営の方針にのっとって、毅然とした態度で接することが必要です。個々の教職員の考え方に考慮して対応していては、朝令暮改の対応となってしまうこともあります。

　教職員にも事情は多々あるでしょうが、「この職務を遂行するには○○でなくてはならない」ということを常に明確にしておくことが必要です。さらに、何通りかの対応が

考えられる際、その状況に対して最適な対応方法を選択したら、その後も同様にすることが重要です。

役割に応じた対応をさせる

対応の際には、一人ひとりがするべき役割を明確にし、それぞれが違う役割を果たすことを習慣としておくとよいでしょう。一人ひとりが自分の役割を果たしていくことで、きちんとした職務遂行ができることの意識づけにもなります。あることを改善するためにお互いに補い合ったという実感は、今後の改善に向けた第一歩となります。

2-2 少人数での協議の場を設ける

少人数で考えさせる

集団が活性化しない要因の一つに、「主張の強い教職員の意見が常に採用される」「担当が違うから意見が言いにくい」などがあります。とくにやっかいなのが、「これはこういうものだ」「こうするのが当然だ」「以前からこうだった」「こうでなければならない」など、さも当然のように主張する教職員の言動です。

これまでのやり方が常によいものというわけではありませんが、強く主張されると他の教職員はなかなか声を出しにくいということがあります。このことは、さまざまな考え方を検討し、よりよい方法を考えていくことへの大きな障害となるのです。

ここで必要なのは、改善のためによりよい方法を模索していこうとする姿勢です。多角的な視点での検討が必要だという意識を教職員にもたせることです。そのためには、協議する際に少人数の分科会を短時間でも設定し、そこで出た意見を全体の場で検討するというシステムを構築するとよいでしょう。このような経験を通して、改善のための意見を述べ合い、みんなで学校のためにやっていくことの重要性を認識させる機会とするのです。

分掌ごとに進行管理をする

　全体の場では管理職が同席し、総合的に判断するというシステムが構築できれば、主張の強い教職員の意見に左右されることもなくなり、学校経営に参画するという教職員の意識を高めることができます。

　そのためには、分掌の責任者にそれぞれの分掌の職務進行状況を確認し、検討の方法を繰り返し指示する教頭・副校長としての役割が重要になります。責任者の職務遂行能力を伸ばすためには、任せられるならば任せておきたいところではありますが、そのことによる学校組織の停滞は避けなくてはなりません。

2-3　みんなの前で褒め、指導は個別で行う

日常の声かけによりみんなの前でよい点を褒める

　職員同士の関係を活性化させるためには、教頭・副校長

の教職員への日常からの声かけが重要です。一人ひとりの職務遂行能力が伸びなければ学校の教育活動はよりよくなりませんし、そこを職場とする教職員の人間関係も改善されません。よりよい教育活動を行い児童・生徒を伸ばしていくために、全部の教職員が自分の力を伸ばし、努力していこうとすることが最も大切です。

誰しも褒められるのは嬉しいことですが、みんなの前で指導されることは好みません。また、自分の話は聞いてほしいと思っていますが、おざなりに聞かれていては話そうとする意欲がなくなってしまいます。そして、何かを改善しようと提案しても、頭ごなしに否定されては次の提案をしようとする意欲がなくなります。

教頭・副校長がすべての教職員の話を聞き、よいところを見つけて褒めるということは、時間的に無理があります。しかし、できる限り教職員と関わっていくことは必要であり、そのための方策が日常の声かけなのです。

褒めるときは具体的な事実に基づく

さまざまな組織や職層から寄せられた情報や自分で見聞きしたことをもとに、褒めること・指導すべきことを整理し、学校の活性化に役立つと思うことは積極的にみんなの前で褒めるようにするとよいでしょう。

また、個人を褒めるだけで終わらせず、同じ視点で別の教職員のことも褒めるようにすると、教職員が「仕事をしてよかった」「提案してよかった」と思えるとともに、「〇

○先生だけではなく自分のことも見てくれていたのだ」と感じることもできます。

採用されなかった具申や実現には至らなかった提案についても、「○○のようなところがいいので、実現に向けてみんなでもう少し考えていこう」などと伝えることも必要です。

自分自身で改善点を考えさせる

指導する際には、不適切なことを頭ごなしに指摘してもうまくいかないことが多いです。指導すべきことですから厳しくすべきではありますが、指導後に自分自身で改善点をあげさせることも必要です。

とくに経験の少ない若手教員は、なぜそれが不適切なのかを理解していないこともありますから、教職員自身に改善策を考えさせることは、学校組織の活性化にもつながります。

褒める・指導するも学校運営の視点に立って、効果的に行えるようにしていきましょう。

2-4 教職員の仕事の進め方をつかむ

一人ひとりのペースをつかむ

教職員一人ひとりには、それぞれ仕事の進め方があります。解決すべき課題に遭遇した際に、「じっくりと課題に向き合うタイプ」や「とりあえず動いて何とかしようとす

るタイプ」もいますし、「いろいろと情報収集をして、よりよい対応を考えるタイプ」や「自分の考えに従って相談をしないで進めるタイプ」もいます。

それぞれのやり方には利点も欠点もありますから、必ずしもこれが正解というものはありませんが、仕事を管理する教頭・副校長としては、自分が自身のやり方やペースに合った方法を是とする傾向があることを十分理解する必要があります。

自分がじっくり型であるならば、猪突猛進型の対応はその行動が危うく感じられますし、自分が率先垂範型であれば、熟慮型の対応はスピード感が感じられず対応の遅れが気になります。

しかし、猪突猛進型は熟慮型にはすぐには変われませんし、その逆も同じです。また、変わろうとしても手順や考え方が違いますから、意外なところでミスをすることがあります。大切なのは、教頭・副校長のやり方に教職員を合わせるのではなく、その人となりをよく理解して、その人を活用するための方策をもつということです。

猪突猛進型であれば、そのスピード感には優位性がありますから、すぐに対応すべき仕事を多く割り振り、その達成の早さを褒める材料にしてコミュニケーションをとるようにするとよいでしょう。熟慮型は幅広い内容を検討することに優位性がありますから、時間がかかっても多くの観点で検討すべき仕事を多く割り振り、遺漏ない対応を褒める材料にしてコミュニケーションをとることができます。

成功体験を次につなげる

 もちろん、学校運営の視点で考えると、早すぎても雑な対応や、十分検討されていても時機を逸した対応では困りますので、その点での進行管理はしっかりとしなくてはなりません。また、必要に応じてタイプを組み合わせたチームでの対応をさせることも必要です。

 重要なことは、失敗経験ではなく、成功体験を教職員とのコミュニケーションの材料とすることです。嫌なことを話題にして話をしてもなかなか心に浸透していきませんが、よいことはその人の自信につながり、話も弾みます。

 「8褒めて2指摘する」ということを念頭に、一人ひとりの教職員のタイプに合った話の仕方や仕事のさせ方を考えることが、良好なコミュニケーションを行うためには必要です。

2 教職員から問題点を引き出す

2-5 教員の状況を把握する

問題点を見つける情報を得る

 校長の学校経営方針に基づいて学校運営を進めていくなかで、多くの問題点に直面することがあります。経営方針で示されたことを実現していくのに、現在のスタッフの力

では十分ではないこともありますし、児童・生徒の実態から短期的な対応はむずかしく中長期的な見通しからの対応が必要なこともあります。直面する問題点はさまざまです。

いずれにしても、学校づくりを進めるうえでは何かしらの対応をしながら、教頭・副校長として学校運営をしなければなりません。そのためには、さまざまな職種の教職員から、問題点についてのさまざまな情報を得ることが必要です。

本質的な情報の入手方法を考えておく

「報・連・相」が大切であるということは、誰しも理解しています。しかし「報・連・相」が確実に実施されているかというと、実際にはそうでない場合があります。「毎日が忙しい」「目の前の仕事に追われてしまって」「児童・生徒への対応があって」「保護者からの問い合わせが続いていて」などさまざまな理由で、本来すぐに伝えられるべき情報が後回しになってしまうのです。

また、困っていることがあっても、自分で何とかしようとして、すぐには相談に来ないこともあります。逆に、「その案件は自分で解決することであって、裁可を仰ぐべき案件ではないだろう」「報告の内容が順を追い詳細すぎて、何が問題なのかわかりにくい」と思えることもあります。

大切なことは、管理職が知っているべき情報が入ってこなかったり、本質的な情報が少なく判断できなくなったり

しないように対策を立てておくことです。

授業観察を情報収集の場として活用する

　教員の現状を知る最大の方法は、授業を見ることです。授業には、その教員の現状が如実に表れます。

　先の見通しをもって授業の計画ができている教員の授業は、安定感があります。発問や板書に無駄が少なく、児童・生徒の実態把握もよくできています。そのような教員は、1年間の学校の動きをつかんで行動をしていますから、授業や分掌の進め方について話をすると、中長期的な面で滞りが生じそうなポイントに関する情報が得られます。

　一方で、指導力が未熟なのに分掌業務にも追われ、授業の準備もままならないのならば、時期的な面、内容的な面、分担の仕方などについて検討、修正していくことでボトルネックが解消され、スムーズな学校運営につながることもあります。一人が仕事を抱えていてそれが進まず、結果として多くの教員が困る状況は組織としての問題点となりますので、その教員の能力に応じた分掌の割り振り等が必要になります。

　短時間でもよいので積極的に授業を参観し、そこで得た情報をもとに個々の教員と話をし、問題点を見出す力が必要です。問題解決のために組織の改編が必要と判断するならば、積極的な校長への具申も必要です。

2-6 教員以外の職員から情報を引き出す

教員以外の職員からの情報収集

　学校という組織は教員の力だけで動いているわけではありません。事務、用務、給食など授業以外の部分を担当する職員から問題点を引き出すことも必要です。

　教員以外の職員は「学校は勉強する場所であり、その専門職として教員がいる」という意識をもっているので、児童・生徒の指導についての「報・連・相」はあまりありません。しかし、仕事をしながら、児童・生徒の状況はよく把握しており、教員には見せない姿もよく知っています。また、教員の仕事ぶりについても管理職が気がつかない多くの情報をもっています。

日々の話し合いを活用する

　職員からこのような情報を引き出すには、日常の業務報告と一緒にその日に気づいたことを話してもらうようにしたり、教頭・副校長から積極的に声かけをしたりすることが重要です。

　トイレや校舎裏の荒れからいじめや問題行動の発見につながったり、教室内の教員の児童・生徒への接し方から学級崩壊や体罰・暴言等の人権侵害の予兆をつかんだりすることもできます。特定の学級の事務用品の使用量の増加や、不適切なゴミ処理の仕方についての事務職員・用務員からの情報により、学級崩壊の予兆をつかみ即時対応したとい

う例もあります。

組織的な学校運営をするという意識をもつ

「自分は教育の専門職ではない」という意識の職員が多いので、日常の情報交換の場において、学校は教員だけでは成り立たないということとともに、情報提供への感謝を伝えることが大切です。そして、「このように改善できた」と具体例で示すことで有用感を高めることも重要です。

教頭・副校長自らも、多くの職種の協働性が学校組織を成り立たせているという意識をもち、学校づくりに関わっていくようにしましょう。

2-7 組織を活用する

小さい組織で議論させる

学校が一つの組織となり多くの職種が協働していくことが大切となります。しかし、「チーム学校」を成立させその有用性を高めるためには、学校全体を一つの組織としてとらえるのではなく、多くの小さい組織の集積が重要であるという意識をもつことも必要です。

一人だと独善的な考え方に陥ってしまうことも、複数で考えればより客観的な判断ができます。自分では考えつかない新たな発想が生まれることもあります。学校の問題点に関しても同様で、一人では気づかなかったことも複数の視点から考えるとその問題点や解決策が浮かびあがってく

ることがよくあります。

個々の職員の考えを尊重する

　管理職が認識する問題の解決には、その解決策を管理職が示すことが最も簡単な方法です。しかし常にトップダウンでは、教職員は考えることをしなくなり、言われたことをするだけになります。これからの学校づくりには、積極的に参画しようとする教職員が求められ、そのための資質・能力を育成していく必要があります。

　今の学校の状況を自分事として考え、よりよい方向をめざそうとする力をつけるためにも、積極的に小さい組織で議論させるように仕向けることも重要です。「○○先生、□□についてもっとよくするためにはどうしたらよいか、△△部で話し合って提案してください」など、小集団での話し合いの機会をつくり考えさせるように働きかけることも、教頭・副校長としての大切な役目です。

3　校内でのチームをつくる

2-8　校務分掌を活用してチームをつくる

校務分掌の「チーム」を活用する

　学校運営は校長の経営方針のもと、全教職員が一丸とな

って進めていくことで進行していきます。全教職員が同じ方向を向いて、教育方針の実現に向けて最大限の努力をしていくことができれば、すばらしい教育が実施できるでしょう。

しかし実際には、さまざまな年齢層と多様な経験と資質・能力の違いのある教職員の集団ですから、校長の教育方針の理解にも差が見られ、求める達成度にも違いがあります。ですから、組織的に運営を行うためのチームづくりは欠かせません。

校務分掌は全員で同じことをするのではなく、細かく分担して相互に連携しながら、効率的に学校運営を進めるために行われます。「チーム」として組まれている校務分掌の進行管理を行うのが管理職です。

適正に教育課程を実施するためには「学年（単学級の場合は学年団）」を中心とした「チーム」が、授業内容の計画と実施、実施時数の管理、教材や教具の準備と整備などを行い、教務主任を中心とした教務部がその統括をするというのが一般的でしょう。児童・生徒の生活面の指導は「学年（学年団）」を中心として生活指導（生徒指導）部が統括することになります。

前例踏襲ではなく日々改善に向かう

ここで大切なことは、前例踏襲を前提とした活動をするのではなく、何が改善できるかを考えることを目標とした「チーム」をつくることです。

小・中学校の学校運営では、分掌の構成メンバーも毎年のように替わっていきます。構成員がすべて入れ替わる学年もあるような学校組織では、PDCAと言いつつも、そのサイクルが形式的になりがちであり、前例踏襲を是としがちなのです。

　年度末までに「チーム」で分担した業務について評価・反省をし、次年度に向けた改善を盛り込んだ計画を立案してその年度の業務を終えるというPDCAサイクルで分掌業務を進めていくのが通常でしょうが、次年度計画には「今年度反省に基づいて変えたこと」を色替えしたりアンダーラインを引いたりして明記しておくことが重要です。

　次年度、新たにその分掌業務を任された教員が、昨年度にどんなことが改善されたかをすぐに把握でき、その年度の業務遂行に役立てることができる利点があります。

　チームとしてのPDCAサイクルを進めていくなかで情報発信を増やしていけば、次の年度の業務改善につながることが多くなるでしょう。

2-9　予算の適正な執行を確認するチームをつくる

事務職員と連携する

　適正な学校運営は、予算の適正な執行にかかっていると言っても過言ではありません。何をするにしても、予算の裏づけなしには進めることができませんし、どんなによい計画を立てても「予算」にその項目がなければ実行に移せ

ません。

　学校予算の責任者は校長ですが、学校事務職員と綿密な連携を取りその執行状況を伝えていくのは教頭・副校長の役割となります。

教職員にコスト意識をもたせる

　一般の教員は、自分の分掌以外の予算の執行状況については無頓着なところがあります。用紙代のような一般事務費については、「使えばなくなる」という当たり前のことが意識されず、「事務職員に頼めば何とかなる」と思っているところも見られます。そのような教員に対して、「今」だけではなく「今後」についても考えていくことを理解させることが重要となります。

　予算計画を立てる段階で活躍した予算会議をその場限りのものとせず、事務職員とともに予算について年間を通して確認していく「チーム」も必要になります。事務職員からの月例報告を学年主任会で確認していくなどの方策でもよいでしょう。必要なものにはしっかりとお金をかけていく、不要なものは削減するというコスト意識を高める効果も生まれてくるでしょう。

4 次年度の計画を立てる

2-10 実施時期を考える

実施時期を早めに検討する

2学期も半ばを過ぎれば、次年度の計画を立てる時期となります。この頃になると、所管の教育委員会から次年度の方向性や、計画の概要に関する情報が続々と届いてきます。詳細な情報がわかるのは少し後なので、情報が確定してから学校の計画を立てたほうが、後で変更や調整をすることが少なくてよいと考えることもできますが、学校づくりの視点からは、早め早めの計画立案をおすすめします。

時期や実施方法の調整は後でもできますが、次年度の方向性を早めに固めておくことで、ギリギリになって焦ることがなくなり、計画をよりよく推進できます。

また、行事には、卒業式や入学式、各種集団宿泊行事など、教育委員会から実施時期を指定されるものと、学芸会や校外学習、学校公開、個人面談など、学校の状況で実施時期を決めるものとがあります。学校で実施時期を決めるものは、おおむね今年度の実施時期を踏襲することが多いと思いますが、教育委員会の指定による行事との整合性を考え、実施時期に無理があるときには調整するのが通例でしょう。

複数の行事の関連を意識する

　ここで大切なことは、今年度の踏襲でよいのかをしっかりと吟味することです。この時期でなければならない必然性があるのか、教育課程や学習内容との整合性が図れているのかを、管理職の立場からきちんと吟味するのです。

　行事単体としての活動はその時期でよくても、他の行事との関わりのなかでは別の時期のほうが適切な場合もあります。実施学年に昨年度の反省に基づいた検討を指示しても、その行事を点として見て検討したり、学年の年間スケジュールという線のなかの一つとして検討したりしていることがよくあります。

　学校という縦横の組み合わせのなかでの検討をしっかりするために、教務主任等にもその趣旨をしっかりと理解させ、検討していく必要があります。複数の視点で検討することで、大きな問題の回避につながります。

スケジュールとの整合性の検討は必須

　最終的には、教育委員会の予定との整合性を図る必要がありますし、次年度から実施する教育委員会の行事が急遽発表されることもありますから、この日以外に動かせないという組み方ではなく、ゆとりをもった計画が必要です。

　また、管理職の出張と重なってしまい、その行事が実施できないということのないように、管理職のスケジュールとの整合性を確実に確認することも大切です。

担当者との最終確認で落ちをなくす

　行事の大枠が固まった段階で、校長に予定を具申し裁可を得て、次年度計画の詳細について教務主任と打ち合わせ、確定するようにしましょう。

　主任歴が長く、任せておけば大丈夫という教務主任もいますが、最近は若手の教務主任も増えてきています。他分掌での経験も少ない教員が教務主任になることもありますから、「落ちがあって当たり前」という意識で行事計画を立てることが必要です。適切に計画し、自分でも説明できるようにしておいたほうが、後々「教頭（副校長）先生、これはどうなっているのですか」という問い合わせへの対応で無駄な時間をかけることを減らせます。

2-11 目的をはっきりさせる

各種行事の実施後には次の計画立案をさせる

　次年度の計画を立てることは、今年度に実施した行事担当者の責務です。「次年度は職員の異動があるから、次年度の教員でしっかりとした計画を立てればいい」という教員もいますが、それは反省を生かした計画を立案することを放棄していることと同義です。反省を生かし、しっかりとした計画を立案する必要性を指導することが肝要です。

　そのためには、それぞれの行事の本質が何かをしっかりと意識させることが必要であり、そのねらいの達成のために「変えてはいけないこと」「外してはならないこと」「変

更してもよいところ」を考えさせなくてはなりません。

　行事が終わった直後には反省をしている学校が多いと思いますが、その反省をもとにして、次年度の計画を立てるように心がけさせましょう。反省は記録を残すためにあるのではなく、よりよい計画立案に生かしてこそ意味があるという意識づけが必要です。

早めの関わりが後々の修正を減らす

　教頭・副校長がすべての行事の計画立案にはじめから関わることが重要なのではありません。検討すべきポイントをしっかりと指摘し、その指摘をもとに反省・計画立案が進み、次年度計画が立てられるように進行管理することが重要なのです。

　次年度案ができた段階で担当者に提出させ、赤直しをするという方法もありますが、計画案が完成する前に関わっておくほうが、手間も時間もかかりません。「何のためにするのか」「何を期待するのか」をしっかりと押さえ、適切な計画立案をさせることで、人材育成にもつながります。

2-12　各種の情報提供をする

早めの正確な情報提供を心がける

　教頭・副校長は校長に次年度の経営方針の方向性を尋ねたり、教育委員会の方向性を確認したりして、教員に必要な情報提供をすればよいのです。今年と来年で方向性が

180度違うということはあまりありません。新たな方針が付け加わっても、方針の項目が減っても、その大枠は変わらないものです。

　文字化したり、会議で正式に話したりできないときには、細かい打ち合わせのなかで新しい方向性を盛り込んで示唆していくことができます。全職員に共通理解してほしい項目がある場合は、校長に「次年度の計画が始まっているので、今度の会議で、方向性をお伝えいただけませんか」と具申することもできます。

　しっかりと計画立案したのに、その根底から覆ってしまったというのでは、教員のモチベーションはあがりません。早め早めの情報提供は、教員がモチベーションを維持するうえでも効果があります。

5　1年間を総括する

2-13　学校教育の管理──教育課程を振り返る

教育課程の実施を常に意識する

　学校教育で一番大切なことは、教育課程が適切に実施できたかということです。授業時数は充足されたか、その学年にふさわしい各教科・領域の内容が確実に実施されたか、教材・教具は適切に使用されその効果があがったかなど、

振り返る視点はたくさんあります。

　最近では自治体独自で「○○教育」が重視され、その確実な実施と成果が求められるなど、地区や学校ごとに「何をもって確実に教育課程が実施できたか」の評価が異なってきています。その基本は「教育課程届」です。次年度の教育課程に新たに示された地区の教育委員会の課題を盛り込むことに力を注ぎがちになりますが、今年度の教育課程がその文言どおり実施できたかを振り返っておくことも重要です。

振り返りを文書で残しておく

　前年度から継続している内容項目であれば、それが適切に実施できたかどうか、その理由とともに明らかにすることが必要です。今年度から新たに追加したり、変更したりした内容項目であれば、それが適切であったのか、その理由も明らかにしておく必要があります。

　3月は人事異動が絡んできます。異動が明らかになっているか否かにかかわらず、教育課程を振り返ったことについては、きちんと文書にして残しておくことが大切です。個人の頭のなかでまとまっていても、それが管理職間で共有されていない限り有効活用できません。まして、教員組織は入れ替わっていくわけですから、新しく来た教員にどの管理職でもその意味を伝えられるようにするために、評価したことを文字化することが有効です。

2-14 所属職員の管理──成長・成果を評価する

一歩成長させるための働きかけをする

1年間で十分な資質向上が図れた教員もいれば、そうでない教員もいます。初任者や2～3年目の教員は伸びしろが大きいですから、4月と比較してその言動に大きな成長を感じることができるはずです。

日常的な声かけのなかで自信をもたせるための働きかけをしていることと思いますが、年度末に改めて現在までの成長は何か、課題は何かを整理して伝えることは、次年度につながる大きな鍵となります。記録ノートや計画表を参考にしながら、成長が実感できる点について具体的に伝えるとよいでしょう。次年度の学校の活動を牽引する力として、さらにもう一歩成長させるための働きかけを増やしていきましょう。

適正な評価を返していく

中堅やベテラン教員は伸びしろが見えないことが多いですが、それぞれの分掌の成果を具体的に評価することで、達成感を高めていくことができます。教育課程に掲げている内容にかかわる分掌業務については、その達成度合いを学校評価とは別に具体的な場面で示すことや、分掌内の若手の伸びている様子を伝えることで、中堅やベテラン教員は仕事の達成感をより感じることができます。

自分の関わり方を評価されることは、中核になって仕事

を進める役目の教員として嬉しいことだという認識に立って、関わりましょう。

2-15 学校施設の管理――次年度につなげる点検・改善計画を立てる

他校の情報を活用する

1年間の業務遂行のなかで、施設面の不具合に対応したことは数知れずあることでしょう。自分で直せるものから業者に依頼して直さなければならないものまで、大小さまざまです。

しかし、修繕ばかりが学校施設の管理ではありません。とくに問題に感じていないところでも、年月を経るなかでいつかは修繕しなければならない時期が来ます。年度末だからこそ、そこに気をかけていく必要があります。

地域内には同じ時期に建てられた学校があるはずです。現任校では起きていなくても、他校では問題になっていることがあるかもしれません。さまざまな情報収集をしていくなかで、現任校でも起こり得る問題であると感じた事例はメモをしておき、次年度にその個所の点検も組み入れるなどの計画をしておくことができます。

記録をもとに計画的に教育委員会と協議していく

1年間の活動のなかで、新たに設置するなどの対応・改善が必要なものが見つかることがあります。多くの場合は

その場ですぐに対応するか、すぐに対応できなくても次年度の予算に組み入れる準備をするなど、手配をしているはずです。

しかし、大がかりなもので、教育委員会と協議をしなくてはならないものなどは対応が落ちてしまっていることもありますし、次年度に向けた手配を忘れている場合もあります。年度末ですので、これまでの記録をもとにしながら、修理・修繕・改修に向けた準備をしておきましょう。

2-16 学校事務の管理——予算執行を振り返る

予算執行状況を精査する

年度当初の予算はすでに使い切り、残り1ヵ月をどのように過ごすのかを事務と協議しているのが、通常の3月の様子でしょう。需用費（消耗品費）を除けば、すべて執行ずみという状態が望ましい姿であると思います。

ほぼ予算を使い切っている今だからこそ、今年度の予算執行を振り返るよいチャンスです。当初の予算計画どおりに執行できたものは何か、当初の予算計画にはなかったが、必要があって購入したものは何か、予算計画よりも少ない執行でほかに残余金を回したものは何かなどを精査し、次年度の予算計画につなげていきましょう。

年度内に決算をしておく

学校予算は単年度決算ですから、次年度にならないと予

算計画は立てられないこともありますが、基本的には児童・生徒数や学級数の大幅な変更がない限りは前年度と同じ金額が配当されます。そう考えると、年度内に予算計画を立てておくことが最も望ましい形だといえます。

「今年度○○の執行が多かったから、その分を増やして計画しよう」「○○は故障が多かったから買い替えの時期になっている」など、今年度の学校運営での過不足をきちんと把握し、次年度の予算計画に生かせるようにすることが大切です。

今年度の決算を年度内に行い、適正な執行に向けた準備をしておけば、年度当初に慌てることなく基本計画の修正のみですみます。場当たり的な予算執行にならないようにするために、いろいろ工夫していきましょう。

6 教育委員会との連携を図る

2-17 部署による違いに対応する

組織による違いを意識する

教育委員会といっても、窓口となる部署はいろいろあります。指導課(指導室)、庶務課、総務課、学務課、施設課など地域によって名称はいろいろとありますが、教育課程や教育内容に関すること、教職員に関すること、施設・

設備に関すること、予算に関すること、学籍に関すること、学校給食に関することなどそれぞれの対応窓口がありますし、教育センターや図書館を含むこともあります。

また、学校からの窓口としては、教育委員会のほかに首長部局の福祉課や子育て支援課、営繕課、観光課、地域振興課などもあります。

こう考えると、首長部局の各課がその課の範囲内で仕事をしているのに対して、学校は「教育」という点で一つの課でありながら、さまざまな課を横断する課題を抱え、広範囲で横断的な対応が必要になっていることがわかります。

組織のやり方をふまえた対応をする

それぞれの部署はそれぞれの範囲の仕事をそれぞれの部署のルールに従って行っています。実際に対応してみると、すんなりと話が通じる部署や、学校側の都合を考慮せず仕事を進めようとする部署、学校側の都合に合わせると言いつつ結果的には丸投げに近い形で対応を求める部署などさまざまです。

それぞれの部署の業務範囲が違うわけですから、対応の仕方や仕事の進め方が違っていて当たり前ですし、それを共通化しようとしても無理があります。「この部署にはこのように対応する」とある程度割り切って対応したほうがうまくいくことが多いです。それぞれの部署が求めていることの真意をしっかりと把握し、できるだけポイントを絞って対応するようにするとよいでしょう。

2-18 困ったことは遠慮なく相談する

事務担当者は専門職の集団であることを意識する

　学校にはさまざまな報告を要する処理案件が送られてきて、教頭・副校長は日々その処理に追われていると言っても過言ではないでしょう。年度当初などは、報告を要する案件が１日10件を超える日が続くのはよくあることです。

　処理に困った際に真っ先に助けを求めるのは、地域の同じ教頭・副校長仲間でしょう。

　「これはどうしたらよいでしょう」という相談に「○○をすればいいんだよ」と答えてもらえたときは、仕事を進められるという安心感と安堵感があります。

　教育委員会の各部署の職員も、事務処理に関しては頼りになる存在です。「仕事を落としてくるばかりの部署」ではなく、事務処理の専門職の集団なのですから、その特徴を存分に発揮してもらうために、日常から連絡を密にしていくことが重要です。

　ある事務処理を進めているときに、「困った、わからない」という状況になったら、「何がわからないのか、何ができないのか」をある程度絞り込んで、教育委員会の担当部署に相談すると、「○○をしてください」「調べて回答します」などの答えが返ってきます。「それは学校ですることですから」とか「書いてあることをよく読んでください」という回答はまずありません。

事務担当者の力を借りる

どうしようかと悩む前に相談してしまうのも、一つの問題解決の手段です。そして、このような相談は、「担当部署が発出した事務処理がわかりにくい」「事務処理をする際の参照先が見つかりにくい」「事務処理に無駄が多い」などの情報提供の機会となります。

「文句を言う」のではなく、「相談に乗ってもらう」「やり方やわからない点を教えてもらう」ことを繰り返すことで、事務担当者の反応もよくなりますし、少しずつですが業務改善に向かう面も見られるようになります。

どうしようかと迷って提出期限ぎりぎりになったり、期限を過ぎたりしてしまうと相手の負担も増えますが、期限前の相談はその予防にもなりますから意外と歓迎されるものです。

2-19 まずは一報を忘れず対応する

情報交換を密にする

一般の方のなかには、「教育委員会は学校を指導する部署で、学校は教育委員会には頭が上がらず、煙たがっている」と考えている方もいます。何かトラブルがあると「教育委員会に言うからな」と脅し文句のように使ってくる方もいます。

しかし、教育委員会は学校側の立場に立って、さまざまな案件の問題解決に当たってくれます。いわば学校の心強

い味方なのです。そのような教育委員会と連携をしていくためには、日常からの情報交換を欠かすことはできません。

一報を入れて問題解決につなげる

　教育委員会がいちばん困るのは、「保護者や地域から苦情が入ったときに、その内容が学校から上がってきていないこと」です。事前情報がないわけですから適切な対応ができませんし、適当な回答では相手方が納得をしなかったり、「教育委員会は何も知らないのか」と怒り出したりすることもあります。

　校内での児童・生徒間のトラブル、けが、校外での事故、保護者や地域からの苦情などがあったときには、管理職間で相談をして、「とりあえず教育委員会へ一報」という対応が必要です。詳細な経過報告は後日報告書にして提出するなり、再度の詳細を伝える電話をするなりできますが、「どんなことが起きたのか」「どんな苦情があったのか」「学校はどんな対応をしたのか、する予定なのか」など、今わかることを伝えていくようにすることで、教育委員会側もその後の対応の準備をすることができるからです。

連絡を入れることを習慣化すると楽になる

　指導課（指導室）には複数の指導主事がいますが、学校数と同じ人数の指導主事はいません。指導主事は一人で複数校を担当しますので、自校の担当指導主事とはよく連絡をとり、日常からの情報提供を欠かさないことも重要なポ

イントです。

　何か問題が生じたときにも、その背景となる状況が頭に入っているのとそうでないのとでは、対応のスピードが違いますし、初めから全部話さなくてもすむとトラブル対応時に管理職が精神面で楽になります。1日1回とは言いませんが、何もなくともご機嫌うかがいを兼ねて週に1回は連絡を入れることを習慣にするとよいと思います。

　学校の最前線にいる教頭・副校長が教育委員会の最前線にいる指導主事と密な連携を図ることが、学校運営に役立ちます。

7 外部機関との連携を図る

2-20 どのような機関と連携するのかを把握する

外部機関との関係づくりを考えておく

　児童・生徒の問題行動に対応するためには、外部機関との連携が欠かせません。それぞれの問題に応じて連携する外部機関は異なりますが、どのような機関とどのように連携していくのか、関わりは短期的なのか長期的なのか、などを事前に想定しておくことで、スムーズな問題解決に向かいます。事前に準備や想定をしておくことで紆余曲折が少なくなり、業務の改善につながっていきます。

また、日常の教育活動にかかわることだけではなく、施設開放など学校の施設を活用したものまで含めると、教頭・副校長はそれぞれの対応に日々苦労をしていることと思います。上手に連携することが、教頭・副校長の業務改善につながると言っても過言ではないでしょう。

外部機関との対応に慣れる

　教頭・副校長の職を務めていると、好むと好まざるとにかかわらず、必然的に外部との連携・連絡の窓口になります。連携・連絡を取る外部機関は多岐にわたり、その対応の仕方もそれぞれです。

　教育委員会や教育事務所、福祉関連部署、教育センター、子ども家庭支援センター、児童相談所、児童発達支援センターや児童発達支援事業所、法務局や人権擁護委員会、医療機関、校医、保健所や保健センター、各種の療育機関、警察署、消防署、裁判所、保健所、保育所や幼稚園・こども園、小学校、中学校、適応指導教室、図書館や博物館、公民館、町会や自治会、民生委員、児童委員、地域団体、スポーツ団体などあげていけばきりがなく、国や都道府県の部署から個々の学校に固有の団体までさまざまです。

　それぞれの機関の立ち位置もさまざまです。一緒に問題解決を図ろうとするところから、情報提供は受けるが傍観者的である姿勢を崩さないところまであります。それぞれがどのような対応をするのかを知るには、経験していくしかないのですが、担当者によって微妙に対応が違うことも

あります。

2-21 児童・生徒の問題行動への対応で連携する

それぞれの状況に応じた対応を考える

児童・生徒の問題行動があった場合にすぐに連絡を取る必要があるのは、教育委員会、子ども家庭支援センター、児童相談所、警察署等になります。校内の傷害を伴わない問題行動であれば、警察は除かれることがありますが、傷害を伴う問題行動や校外での問題の場合には警察に通報したほうが結果的によい場合も多くあります。

警察が入ると問題が大きくなり保護者の不信感を招くのではないかと考えて躊躇する気持ちになることもありますが、校長と相談したり校長を通して教育委員会と相談したりして、必要な措置を講じていく必要があります。傷害を伴う場合には、後々、長期の継続案件になったり裁判になったりすることも想定しておく必要があるからです。後々の負担を減らすために、今できる対応をしていくことも考えなければなりません。

2-22 特別な支援を要する児童・生徒の支援で連携する

情報提供の仕方について打ち合わせをしていく

外部機関と密接な連携を取る必要があることとして、

「特別な支援を要する児童・生徒への対応」があります。

　小学校の新入学であれば幼稚園、保育所、こども園、療育機関、福祉関連部署から、中学校の新入学では在籍小学校や療育機関、教育センター、福祉関連部署からの情報が必要になりますが、どの程度まで情報提供をしてもらえるかを考えておく必要があります。

🌱 出せる情報と出せない情報を日頃から仕分けておく

　在籍校（保育所、幼稚園、こども園、小学校）としてはぜひ伝えたい情報があっても、保護者から情報提供を拒否されてしまっている場合には詳細な情報を受け取ることができず、入学後の対応に苦慮することも多くなります。善意で「保護者の同意は得ていないが情報提供をする」ということが保護者との関係を悪化させてしまい、その対応にたいへんな労力がかかってしまうということもあります。保護者から提供の同意を得ている情報なのかどうかの確認は確実にし、提供された情報の利用についても十分注意していきましょう。

　各学校の転入児童・生徒であれば、前在籍校からの情報提供が基本となりますが、教育センターや福祉関連部署や子ども家庭支援センター、児童相談所などの情報が含まれていない場合もあります。自治体を超えての福祉関連の情報提供はなかなかむずかしいことがありますので、前在籍校にしっかりと確認をする必要があります。

　高度な個人情報が含まれる情報提供となりますので、得

られた情報の管理は適切に行わなければなりません。たとえ本人やその保護者であっても、確認をしないほうがよいことも多くあります。また、情報の受け取りは担当者任せにせず、管理職が積極的に関わることも重要です。

早め早めの対応が業務軽減になる

得られた情報から特別な支援を要すると判断できる場合には、校内でよく状況を確認し、教育相談などの自治体の部署とつながりをもつことが大切です。とりあえず様子を見ようとして時間が経過し、授業成立に支障が出る状況になったり、他の児童・生徒を巻き込んだ困難状況になったりしないように早め早めの対応をしていくことが、無駄な業務を減らすことになります。

担任に任せきりという学校体制は問題を拡大させるだけですので、学校の全教職員で対応するという体制が必要です。そして、そのような体制づくりが学校の業務改善になっていきます。

2-23 地域のサポーターと連携する

地域のサポーターの力を活用する

多くの学校が「地域に根ざした学校」をめざしています。学校のさまざまな教育活動は、地域の力を借りて運営できています。地域にはさまざまな学校サポーターがいて、多くのサポートをしてくれているからです。しかし、このよ

うな関係は一方通行ではありません。Win-Winでなければ、いつかは齟齬が生まれてしまいます。

　多くの学校のサポーターは、地域の団体の中心的な役割を担っています。そして地域の団体からは、時に教育活動とは直接関係ないことでも協力依頼があります。施設の使用許可や行事への参加要請など、「○○さんからの依頼だから仕方がないかな」と考えることが多くあるでしょう。

　ここで大切なことは、判断基準をどこに置くかです。Win-Winの関係を壊したくないからすべてを受け入れるというのでは、業務改善にも負担軽減にもなりません。「○○さんの依頼は受けたけれど△△さんの依頼は断った」というのでは、筋を通すことがむずかしくなります。「AはできるけれどBについてはごめんなさい」という対応もあるでしょう。

　「受け入れる」「断る」の判断基準をはっきりとさせて対応するならば、依頼する側も納得します。よりよい関係づくりをするためにも、明確な対応を心がけていきましょう。そのことが、結果として業務改善につながります。

3章

学校を改善する

1 教職員の意識を変える

3-1 教職員の意識を改革する

勤務時間内で仕事を終わらせる意識を高める

　学校に配置されている現業系職員は、きちんと勤務時間を守って職務を遂行しています。

　「勤務時間中はしっかりと仕事をし、定時に退勤して次の日に続きをする。行事等で超過勤務を命じられればその分しっかりと働き、加算された超過勤務手当をもらう」という勤務は、労働者として適切な勤務状況であろうと思います。

　教員は、超過勤務手当に相当する「教職調整額」により、いくら残業しても超過勤務手当は支払われないことになっています。しかし、このことにより、本来であればもっと効率的に行える業務に時間をかけすぎることにつながってしまう可能性があります。

　超勤4項目に該当しない限りは、管理職から残業を指示できないわけですから、高い完成度を求めて時間をかけすぎることのないように促していく必要があります。勤務時間内で最大限できることをするという意識をもたせたいものです。

コスト意識も重要

　教育の世界は、企業に比べてコスト意識が低いといわれることがあります。公立学校での教育は利潤を追求する活動ではありませんし、教育活動の成果は数値化できないものが多いですから、端的に成果を具体像として示すことがむずかしく、「がんばり」「意欲」などの目に見えないことを指標として説明することが多くなってしまうため仕方がないことではあります。

　月の給与が25万円である教員の時給はいくらでしょうか。概算ですが、時給1,500円程度です。毎日2時間残業をすると、時給は1,300円に下がります。熱心に仕事をしながら自分の価値を下げているのと同じです。金額で割りきれるものではないわけですが、「給与に見合うパフォーマンスを出す。そのために時間内に全力で取り組む。無駄な時間を減らす」という意識を全教員がもったら、仕事の進め方も変わるかもしれません。

時間にもコストがかかることを理解させる

　会議の遅刻は企業では許されませんが、「子どもの指導をしていました」という理由で会議の遅刻を容認する意識が、学校現場にはあるように思います。一人の遅刻により会議の開始が遅れた場合には、時給×参加人数の給与を無駄にしているわけです。

　一人ひとりがコスト意識をもって職務を遂行する必要があることを、管理職が積極的に職員に意識づけていく時期

にきているように思います。また、会議の開始時刻と終了時刻を明確にし、遅刻者がいても時間には会議を開始するという体制づくりも必要になります。

期限にルーズで、提出物の期限が守れない教員の場合も同様です。全員の分が揃わないために学校としての書類の提出が遅れるなどは言語道断であることや、そのために提出先に迷惑をかけていることを意識づけ、提出が遅れた教員自身に提出先に持参させるなどの対応をしていくことも時には必要でしょう。

教頭・副校長が常に優しい顔をしないこと、心を鬼にすることも重要になると思います。具体例を通した地道な教員の意識改革が、学校全体の業務改善につながっていきます。

3-2 やりがいを追求できる職場をつくる

勤務のなかでやりがいを見つけさせる

教職員全員が共通して取り組める目標を設定することができれば、職員集団の意思疎通も図りやすくなりますし、「やりがい」も生まれてきます。そのような目標設定に力を注げれば、教頭・副校長としての「やりがい」につながっていくでしょう。

研究奨励校や研究発表会などはそのために有効な手法となりますが、全教職員が一枚岩になって進んでいくにはさまざまな段階を経なくてはなりません。研究推進委員長を

やる気にさせ、研究推進委員会のメンバーを鼓舞し、若手教員の相談に乗り、ベテラン教員の知恵を引き出すなどの働きかけが必要です。

また、主幹教諭や各主任に自覚を促す関わりも必要になります。そうした関わりを通して、それぞれの教員のやる気を引き出していくのです。教頭・副校長は教員のがんばりを支え、縁の下の力持ちとしての役割を果たすことになります。

自覚を高めさせる働きかけが重要

そのような役割に「やりがい」を見出すことが、教頭・副校長の醍醐味です。日の当たる役割ではありませんが、職員に伴走し、サポートしていくことに楽しみを見出せるなら、そこに教頭・副校長としてのやりがいを感じることができるでしょう。単なる仕事減らしではなく、やってよかったと教職員に感じさせ、充実感を見出せる職場づくりは、学校運営の要である教頭・副校長にしかできないことです。

自分の職責に自負をもち、自覚と責任を果たそうとしていくならばきっと、すべての教職員が自らの手でよりよい学校づくりに向けて業務改善をしていくようになるでしょう。楽をするためではなく、自分のやりがいを見出していける職場づくりに、教頭・副校長として努力していくことが期待されます。

2 分掌・分担を改善する

3-3 分掌のあり方を変える

仕事はいつでも引き継げるようにすることが大切

単独の仕事は、責任をもった一人の担当者がすべての采配をすることが最も効率的です。行政職ではこのような仕事の仕方をしており、担当者が替わってもこれまでの仕事の記録と整備されたマニュアルがあれば、仕事が引き継げるようになっています。

しかし、学校ではその仕事を専任で担当する専門職はいませんので、教員が本務である教育活動以外に校務分掌として担当することになります。学級や教科の指導、児童・生徒指導、保護者対応、地域への対応、部活動など、同時並行で仕事を進めていきますので、時として処理が後回しになります。「教育におけるそれぞれの役割と責任を自覚」していないさまざまな苦情で忙殺されることもしばしばであり、「わかっているけど今はできない」という状態になります。

根本的な解決策は学校の職員数を増やして、教員は教育活動に専念し、それ以外の業務は専任の担当者が行うようにすることです。しかし現状において、新たに配置される専任・非常勤職員の数や勤務時間では教員が教育活動に専

念できるまでにはなっていません。

また、年度途中で担当者が休職などにより不在になった場合、その業務を担当することになった教員は、記録とマニュアルを参考にして行うことになりますが、新たな学び直しになるので処理に時間がかかり、非効率です。

「チーム化」の目的を考え、活用する

そこで重要になるのが「チーム化」です。校務分掌が「一役一人」から「複数分担制」になってきているのも、このような考え方からです。

「チーム化」は、これまでの「〇〇部」などの分掌とどのように違うのでしょうか。

以前の分掌は、「〇〇部」に複数の教員を所属させ、その部のなかで専任の業務を割り当てて処理するというものでした。部の所属は複数人いますが、業務の進め方としては「一役一人」に近い形になります。

一方「チーム化」は、一つの業務の担当者を複数人にして、業務の処理方法を共通理解して進めていくやり方です。処理方法を共通理解したあとは、月別、学期別など担当者がやりやすい方法で分担することもできます。また、担当者の急な不在時も他の担当者がバックアップできることに利点があります。

「チーム化」の利点を伝えていく

「チーム化」をすると、これまでよりも担当する業務が

増えますから、教員の意識としては「負担増」となります。そこで、教員の意識改革を図っていく必要があります。

「担当する業務は増えるが、複数の担当者がサポートし合うことで負担が分散できる。また、処理が滞ることもなくなるので結果として学校の信頼を高められる」などの説明をし、「チーム化」の利点を伝えていくことが必要です。

3-4 人員不足を解消する

ネットワークを活用した人探し

各学校では、臨時的任用教員を見つけるためにさまざまな方法で人探しをしていることと思います。教育委員会の臨時的任用教員の名簿を使って何十件も電話をしても見つからないという経験は多いことでしょう。最後は人付き合いがものをいってきます。

教頭・副校長のネットワーク、校長のネットワーク、研修仲間のネットワーク、教員のネットワークなどありとあらゆるものを活用して人探しをしていかなければなりません。「人探しは管理職の仕事」と思っている教員にも働きかけて、あらゆる手段を講じていきましょう。どうしても見つからないときは、「私（教頭・副校長）が担任を兼務してしまうと、私の仕事を皆さんで分担してもらわないとならなくなるよ」など悲壮感を打ち出して情に訴えてでも、それぞれのネットワークを使って探してもらうようにしていくことも方策の一つです。

教科担任制を取り入れる

多くの小学校で教科担任制が取り入れられ始めていますが、教科担任制も子どもたちの学習を保障する方策の一つです。教科担任制を取り入れれば、学級担任の急な休みの際にもその学級の授業枠が1日全て空いてしまうことがなくなり、子どもたちの学習の機会が失われず、適切な学習内容が担保できます。

本来の教科担任制は休職対応の手法ではなく、授業改善や授業の質の向上を目的としているものですから、その趣旨を忘れてはいけませんが、必要に応じて取り入れていくことも検討することは重要でしょう。

休職者がいるから急遽教科担任制を導入するというのでは保護者から不信感をもたれてしまうので、年度はじめの保護者会で、「教科担任制の導入も検討している。場合によっては年度の途中から試行することもある」と伝えておけば、それほど違和感なく導入することができ、教頭・副校長の働き方改革にもつながるでしょう。

学年担任制を検討する

教科担任制とは違う視点で、学年担任制を検討していくことも必要でしょう。小学校では学級を単位とした指導が中心であることが多いですが、学年担任制になると「○学年の担任○名がその学年の児童○名全員の担任として指導に当たり、交換授業等も含めて学年の授業を実施する」という方法になりますから、もし休職者が出たとしても学年

全体でカバーし合うことができます。

　また、1人の教員がある教科の授業を全学級で実施し、その分担当する教科が少なくなるので、教材研究の時間も少なくなり効率的な授業実施ができます。このような手法も教頭・副校長の業務改善の一つとして校長に具申して取り入れてはいかがでしょうか。

3　ICT機器を使う

3-5　教頭・副校長が使い方を理解する

まずは使ってみる

　最近ではGoogle社のClassroomやMicrosoft社のTeamsをはじめとしてたくさんのオンライン型の統合型ソフトが使われています。学習支援のためのソフトも多数使われており、授業での活用も進んでいます。

　児童・生徒だけでなく、教員の集合研修についても、それぞれの学校にいながらオンラインで研修を行うなど、集合にかかる時間を少なくして効率的な研修ができるような取り組みも進められています。オンラインでの研修では一斉形式だけではなく、グループに分かれた小集団での協議など、集合研修でできる形式のほとんどの機能が実現できます。

また保護者への連絡も、アカウント制御により一般には公開できない形で行うことができ、セキュリティ対策も十分に行える状況になっています。

　臨時的任用教員が見つからないため教頭・副校長が担任を持つということも増えていますから、教頭・副校長がこれらのソフトの使い方に慣れることは重要です。専門家のようにすべての機能を完璧に使いこなせるようになる必要はありませんので、とりあえず使うのに困らないように習熟するための時間を確保しておいたほうがよいでしょう。言葉は知っているものの使えないというのでは、最終的に自分が困ることになりかねません。

教頭・副校長間で協力する

　学習支援ソフトなどについては、校内のICTに堪能な教員に使い方を聞きながら覚えていくという方法が実際的ですが、それ以外の教頭・副校長としての業務に使うソフトなどの使い方については地区内の教頭・副校長に協力してもらって、実際に使いながら覚えていくというのが有効な手段です。その際、時間の都合が合えばICT支援員にサポートしてもらうのもいいでしょう。

　使い方がわからないままオンライン会議を始めて、どうしたらいいのか困ったというのでは、実際の使用場面では使えません。毎回のオンライン会議にICT支援員や堪能な教員についてもらうわけにもいきません。まずは自分が使えるようになることが、校内での利用に役立つのです。

教員は日常的に使用しているので使い方にも慣れ堪能になってきているでしょうが、新しく着任した教員から相談を受けたときに「わからないから○○さんに聞いてみて」と投げるよりも、「こうするといいよ。詳しくは○○さんに聞いてみて」と答えるほうが印象もよいでしょう。

　そのための研修の時間を教頭・副校長で調整し、持ち回りで主導するなどして進めていくといいでしょう。言葉で聞くだけよりも、実際に使ってみて理解するほうがより深い理解につながります。

年度はじめの研修会の設定

　年度当初は新規採用者、他地区からの転入者などICT機器の使い方のベースラインが揃っていませんので、その学校での使い方を理解してもらう必要があります。また、日中働いている保護者への配慮からオンラインでの保護者会を実施する学校もありますので、その場合にはオンライン会議のやり方を理解していなければなりません。確認のための年度はじめのICT研修は必須になっています。少ない時間をやりくりして、短時間でも研修会を実施することが必要でしょう。

　教頭・副校長が講師役をする必要はなく、事前に実施内容を確認しておけば、ICT支援員や堪能な教員に講師を任せられます。これからの1年間、みんなで楽ができるように計画していくことが重要です。

3-6 ICT機器を指導に使う

使用のルールについて啓発する

1人1台端末が実現し、学習活動の多くの場面で児童・生徒のもつタブレット端末が活用されています。以前であれば教室の前面スクリーンに投影したものを全員で見ていた情報がそれぞれのタブレットに表示できたり、PC教室で調べる活動をするために教室の予約合戦であったものが各教室で自由に調べ物ができたりし、その活用の幅は広がりつつあります。

ここで大切なのは、ICT機器の使用技能をいかに高めていくかということと、情報モラルを確立していくことです。ICT機器が身近にあるのが当たり前になり、さらにデジタルネイティブといわれる世代が若手教員や保護者にも増えているからこそ、指導のあり方を考えていかなくてはなりません。

通常、児童・生徒が使うタブレットは年齢制限セキュリティが設定されており、一般的に入手できるタブレットに比べてWeb閲覧には制限がかけられているので、使いにくさが感じられることがあります。ここで大切なのは、学校で使用するタブレットは学習に使うものであり、個人が何でも自由に使えるものではないことを教員にも保護者にもしっかりと伝えていくことです。機器の使用が当たり前になっているからこそ、年度はじめに一度はその使用法を確認していくことが重要です。

保護者から「うちの子が調べ学習をしようとして家でタブレットを使ったが、必要な情報のページが見られないといっている。何とかしてほしい」という苦情があったので、状況確認のために調査をしてみると、閲覧を制限しているページを表示しようとしていたことが判明した。保護者は子どもの訴えを聞いて苦情を言ってきたが、何を調べようとしているのかは全く理解していなかった、というような事例もあります。セキュリティが有効に機能したという実例であるとともに、使い方や管理の仕方を改めて考えなければならない例であり、そこには教頭・副校長が積極的に情報発信に関わる必要があります。

授業での配慮を伝える

　もちろん、教員の情報モラルに関する意識も高めていくことが重要です。児童・生徒の使い方に目を配り、不適切な場合にはきちんと指導させる必要があります。使い方によっては「いじめ」に発展したり、「人権侵害」となる行動になってしまう可能性があることを意識し、適切な指導に当たらせることがポイントです。教員が「このくらいは……」という意識にならないように、教頭・副校長は実例を示しながら日々指導していかなければなりません。

　児童・生徒がタブレットを使って積極的に調べ学習をしている場面は一見素敵な学習風景に見えますが、しっかりと計画をしていないとまとまりのない授業になってしまいます。Webで調べられる情報は多岐にわたり、授業のね

らいを達成するために必要な資料に行き着かないことが往々にしてあります。学習に必要な情報が載っているサイトのURLを事前に調べて参照用資料をつくり、授業のねらいが達成できるように準備することなども教員に指導していく必要があります。そうしないと無駄な時間ばかりの授業になってしまうこともあり得ます。

　また、電子機器は不具合が発生することが多いものです。タブレットが立ち上がらない、急に表示できなくなったなどはよくあります。充電ケーブルから外れていたので起動しなかった、などということもよく聞く話です。

　ICT支援員が配置されている学校では、ICT支援員に授業のサポートや機器の不具合への対応だけではなく、日常的に機器の点検を依頼しておくのも対応のひとつです。機器が不具合を起こす前に一定のサイクルで定期点検をしてもらうと、不具合の発生が少なくなります。

　ICT支援員が配置されていない場合には、日を決めて使う前の点検をしてみるとよいでしょう。使いたいときに使えないという状況にならないための方法であり「転ばぬ先の杖」になります。教員は忙しく、そこまでなかなか手が回らないと訴えてくることもありますが、いざというときでは遅すぎるという意識啓発が必要です。

知的財産権の侵害に留意する

　1人1台端末により調べ学習やいろいろな発表にICT機器を活用する場面が増えています。また、生成AIの進

歩により、文章や画像などを簡単に作成できるようにもなってきています。

授業では、必要な範囲内でさまざまな著作物を使用できますが、それを拡大解釈して使用してしまったり、意図せず著作権の侵害になってしまったりすることがあります。授業で使用するプリントも、授業外では著作権の保護の対象になることを意識していない教員もいます。また、著作物の改変に関する意識が低い教員も見られます。

各学校では情報教育担当の教員を設定して指導の核となってもらったり、ICT支援員がその指導補助に当たったりしていますが、どんな指導をしているのか、教頭・副校長の目からも確認が必要です。どのような行為が知的財産権の侵害になるのか、実例をもって指導できるように教員を啓発し、時には資料を提供する必要もあります。児童・生徒は教員が思っている以上に知的財産権への意識はありませんので、不適切な場面で勝手に使用してしまうことがあります。情報収集のあり方やその活用の仕方については、何度も確認が必要です。

家庭での使い方について啓発する

家庭に持ち帰ったタブレットを不適切に使用していじめや人権侵害に発展し、事後対応が大変になることもありますので、管理下ではない時間帯の使用にも注意が必要です。自治体や学校それぞれにルールがありますが、それを学校管理下以外の場面で確認していくことはむずかしいです。

自宅に帰れば自分用のスマートフォンをもっている児童・生徒も多いですが、それは保護者の管理下ですので学校のルールが適用できないこともあり、使用の仕方が徹底しないという面もあります。SNSやゲーム内チャットなどの書き込みには制限がかかっていないことも多く、書き込む内容には注意していきたいところですが、膨大なサイトをいちいち点検することもできず、対応は後手後手になっていきます。

　「こんな状況にならないように」という家庭や児童・生徒への啓発とともに、「こんな使い方をしましょう」とよい例を発信することで改善をめざすこともできます。悪い例を一つひとつ潰していくと際限がありませんが、よい例をもとにして啓発することでよりよい環境づくりの後押しをすることも有効な手段になります。

3-7 ICT機器を業務に使う

ICT機器を見ない時間をつくる

　ほとんどの自治体で校務支援システムが導入され、職務遂行の方法も変わってきました。以前なら紙ベースで書類を授受し、それに基づいて職務を遂行してきましたが、各種の業務が校務支援システムのメールや配信によって伝達されるようになりました。業務の効率化や省力化という面ではよい面がありますが、さまざまな部署から五月雨式に依頼が来るという事態も招いています。紙ベースの時には

依頼を出す方も精査していたのが、デジタルになってからはでき次第間断なく送られ、十分に内容を精査しているのかと疑問を持つようなものまであります。

　校務支援システムを適切に活用するには「見ない時間」をつくることをおすすめします。五月雨式に入ってくるものをそのたびに確認していると、それだけで多くの時間を取られて精神的に疲労感が高まります。「相手先が自分の都合のよい時間に出しているのだから、自分も自分の都合のよい時間に受け取る」という程度の心構えで対応することが、教頭・副校長の精神的な働き方改革になります。

　自分の職務時間のすべてにわたって校務支援システムに関わるのではなく、「緊急の要件は仕方ない」と割り切り、自分で確認する時間を決めて対応するようにするとよいでしょう。自分自身でコントロールできているということは、精神的なゆとりをもたらします。

届いたらすぐに仕分ける

　届いたデータを保存しておくだけだと、いつの間にか処理が溜まってしまいます。届いたものはその場で仕分けができるとよいでしょう。「見るだけでOK」「すぐに処理」「後で処理」「○○に回す」などのフォルダに分けておくだけでも仕分けになります。表題ページだけは印刷して、その印刷物で仕事量を管理するというのもおすすめです。省資源化には逆行していますが、アナログであるからこそミスがなくなるという面もあります。

ICT機器の特性を理解し、複数での確認をする

　手書きの文書から電子データに移行したことによって増えたのが、誤字、脱字、誤変換による表記ミスです。ICT機器を使うことにより、自分が想定していない表記になっていることに気がつかないことがあります。

　それをなくすためには、複数の人による時間をおいた確認、紙ベースでの確認も必要です。「複数の目で見て確認」と指示しても、同じ画面を2人で同時に見ながら作成していることもあります。それでは確かな確認になりません。時間をおいて別々に確認することで発見できることが多くあります。省資源化にはなりませんが、私は紙ベースで確認することが確実だと思います。印刷文書での確認は画面での確認とは違った視野での確認になるので、間違いの発見が容易になるようです。

電子データの配信のメリット、デメリットを考える

　以前は、学校からの連絡は印刷物で家庭に配布し、保護者からの連絡は連絡帳や電話でというのが一般的でしたが、最近では保護者への連絡を、メール配信や統合型ソフトの連絡機能、セキュリティに配慮した閉鎖型Webシステムなどを使って行われるようにもなってきました。これは、教育委員会から委託を受けた業者が、高度な情報セキュリティを備えたシステムで一括管理することで、個人情報の保護や情報漏洩に関する心配がなくなってきたことに起因します。

紙の情報は児童・生徒が保護者に渡さなければ必要な情報が伝わりません。電子データであれば即時必要な情報を伝えることができますので、その点のメリットを考えながら対応していくことが重要でしょう。

　機器の不具合や見落としなどもありますから、すべてのものを電子データにするのではなく、精査して本当に重要なものは紙ベースでも配布すると間違いが少なくなります。必要に応じて、紙と電子データの併用を考えていく必要があります。

禁止よりも許可が有効

　SNSの普及により保護者、児童・生徒が自由に情報をインターネットに投稿できる現在の状況を考えると、管理されたなかで行われる連絡等は安心であるといえます。

　しかしそれを使うのは人間ですので、どこにヒューマンエラーが潜んでいるかわかりません。学校では安全なシステムのなかで行っていても、受け手から不必要な情報が拡散されるということもあるのです。参観時の児童・生徒の様子を許可なくスマホで撮影してSNSに投稿してしまいトラブルになったという事例もあります。

　「○○はご遠慮ください」という掲示物で啓発を図ることはどの学校でも行われていることでしょうが、すべてのことは制御できません。また、「禁止するから隠れて行う」という行動は人の世の常かもしれません。

　そこで、「禁止事項」を前面に出すのではなく「○○の

際には△△は可能です」と、してよいこと、できることを前面にして示していくことも対応のひとつです。「○○の場合には許可されている」という前提で対応できるなら「今は○○をご遠慮いただきたいですが、△△のときには大丈夫ですよ」という声かけをするだけで、相手の受け取り方が変わってきます。「いつも禁止ばかりして」という思考から「○○のときにはいいんだ」という思考に切り替えさせるのです。

4 授業研究を活性化する

3-8 全員が関わる授業研究にする

参加者全員で伸びる研修会へ

「授業研究」はその言葉どおり「授業」を通して「研究」するものであり、教員の指導力向上のためには有益な方法です。諸外国からも、日本の教員の質の高さは「授業研究」の充実に支えられていると評価されています。授業研究のよさは内外から認められているところですが、そのあり方について考えてみることが、学校を変えていくための重要な視点になるでしょう。

これまで多くの学校で実施されてきた授業研究は、授業者を決め、学年を決め、その実施する教材を選定し、教材

研究を行い、指導案を作成し、研究授業を行うという経過をたどります。最終的には「授業者の考えを大切に」という言葉のもとで、授業者のみががんばるということになります。そうなると、授業者の資質能力は伸びますが、研究授業の後の協議会に参加するだけの教員の資質能力が向上するとはあまりいえません。

　授業者以外の教員の指導力の向上をめざすためには、教材分析や指導の仕方、指導案の作成の段階までさまざまな教員が関わっていくことが望ましいです。せっかくICT機器が各教員の手元にあるわけですから、授業研究のための共有フォルダに指導案を置き、気づいたことを赤で書き入れて共有したり、メモとして残したりすることで、全教員が計画作成に関わることができます。

　「こんな手法をとったら学習の効果があがるのではないか」とメモで提案し、それについて他の教員が「○○である意図はこんなところにあるので△△のようにするとよい」という書き込みを追加するなどの集積で指導案ができあがっていけば、授業研究会を自分事として進めることになります。協議会での「授業を提供していただきありがとうございました」などのおざなりな挨拶は意味を成さなくなり、「○○の指導について考えてみると……」という、より授業改善に向かった協議が進められるでしょう。

研究の視座を変える

　そのためには、ICT機器を十分に活用すると同時に、

従来型の協議会から脱却する意識も必要になります。

　教科の内容を習得させるための指導という視点から一歩離れて、「資質・能力」の育成という視点に立って校内研究を進めていくと、そのための方策も変わってきます。分科会も、「育成したい資質・能力」の視点で構成すれば、同じ学年や近接学年のメンバーで構成する必要はありませんし、教科等横断的な視点で「資質・能力」を考えれば、同じ教科を専門とする教員で構成する必要もありません。

　いろいろな教科・領域を専門とする教員が集まって分科会を構成したほうが、教科等横断的な「資質・能力」の育成や授業改善の視点が生まれるでしょう。授業についての事前の検討から協議会のグループ協議まで、従来の校内研究の枠を取りはずし、いろいろと工夫することが必要ではないかと思います。

3-9 子どもの姿を語る協議会にする

実態を分析した協議会が有効

　最近は、グループ協議を取り入れた協議会が増え、協議会の参加者が積極的に発言する場面も多く見られるようになりました。しかし、協議会の中心は「指導のあり方」に力点を置いたものがまだまだ多いように思います。

　「○○という発問をしたら子どもは△△という反応が増えた。○○という発問は効果的であった」「板書に□□とまとめて書いたことで子どもから▽▽という考えを引き出

すことができた」など、教師の働きかけの効果を検討することで、有効な指導のあり方を協議していくわけです。そこで、ICT機器を活用してタブレットで授業場面を録画し、必要な部分を見ながら協議を進めていくと、より協議の内容が具体的になります。

子どもの学びの事実を分析・検討・協議し、より有効な指導を考える

「子どもが○○という反応をしたが、その理由は何だろう」「A児とB児が▽▽の関わりをしたがそれは何に起因しているのだろう」と子どもの授業中の実態をもとにして、その理由を探っていく協議会はまだまだ少ないように思います。児童・生徒の学びの事実をきちんと分析し、その事実は何に起因しているのかを検討・協議し、より児童・生徒に有効な指導を考えていくという視点で協議会を進めることが今後重要になります。

短時間で考えをまとめていく必要がありますので、付箋や短冊を使って個人の考えを大きな用紙にまとめて貼り、協議の参考にする方法が昔から採られてきましたが、タブレットのデジタル付箋やデータ共有などの機能を使い、順次気づいたことを書き込んでいくことで、わざわざ付箋や短冊に書いて後でまとめるという時間が短縮され、効率的な協議会の運営ができます。何より、考えをまとめた大きな模造紙を保管しなくても、データでいつでもその時の意見が参照できるわけですから、有効活用も図れます。

3-10 協議会の指導・講評を改善する

実態を知らない講師に任せるのはもったいない

協議会の指導・講評は、授業を行った教科の専門家に依頼することが多いでしょう。協議会の時間は限られているので、授業に関する協議が十分深まっていない段階で、講師の指導・講評に移ることもあります。

協議中も、「○○については、いろいろな意見があるようなので、講師の先生に教えていただきたいと思います」など、協議が深まらないまま司会進行が行われることがあります。その授業を最もよく知っているのは、その学校の教員です。「協議の内容を価値づける」という美名のもと、教科内容の専門家ではあっても授業成立までの過程を十分には知らない講師に任せるのはもったいない気がします。

自分たちで進める協議会にチャレンジする

その授業が学習指導要領の何を実現しているか、どのような先行実践と関わりが深いのかは少し調べればわかります。授業研究は教科の専門家の育成を行うのではなく、その授業を通して教員が研修をしていくものですから、授業の価値づけまで自分たちで行えれば、より研修としての価値が高まります。

学習指導要領への位置づけ、単元構成の意味づけ、指導過程の提案性、指導方法や指導技術のあり方、教師と子どもの関わり、子どもの反応など、その授業を価値づけてい

くための指導・講評を教員が行うことはたいへん意味があります。

　指導・講評の役を担う教員は、より勉強をしなくてはなりませんし、話を聞く教員は頭の上をむずかしい話が過ぎていくという受け止めではすまされません。協議会に参加した教員のすべてが主体的に参加することを求められるのです。

　講師を招聘せず、自分たちで最後まで進める協議会にチャレンジしてはいかがでしょうか。そして、協議会の様子をICT機器で録画しておき、いつでもその時の様子を見返すことができるようになれば、よりよい授業研究につながるでしょう。

4章

働き方を変える

1 教頭・副校長の業務を改善する

4-1 組織を活用する

組織を活用し、組織に任せるものを見つける

　学校は組織体です。組織として仕事を進めていくことが重要です。近年、さまざまな地域で主幹教諭や指導教諭が配置され、組織として職務を遂行できる体制ができつつありますが、まだまだ職層ではなく個人の資質や能力に依存している面があります。

　学校運営のすべてに教頭・副校長が直接関わり、すべての面を把握するという学校体制から、担当する各教員からの「報・連・相」がしっかりと行われる学校体制へと変えていく必要があります。

　「仕事を任せて進行管理する」ことは、言葉でいうほど簡単ではありません。そのためには、仕事を進めていくなかでの「報・連・相」がしっかりとできる教員を育成していくことが必要です。

　「自分がやったほうが早い」と思うこともしばしばでしょうが、そこを我慢して将来の教頭・副校長の働き方改革につなげていけるように、それぞれの教員に関わっていく必要があります。職務内容をきちんと理解し、しっかりとした「報・連・相」のできるよい教員を育成してこそ、本

当の意味での「教頭・副校長の働き方改革」につながるのです。

4-2 教職員に仕事を任せ、進行管理は細かく行う

任せることの意味を考える

多くの教頭・副校長は、「仕事を振ったら、なかなか処理が進まない」「任せたら処理を忘れていて、期限が来てしまい、結局自分がすることになった」という経験をしたことがあると思います。時間があるなら、文書処理は自分でしたほうが、他人に任せるよりもよほど効率的です。

しかし、ここで大切なことは、「業務処理を任せることでその人を育て、最終的には学校全体の業務改善を行っていく」という視点を忘れないことです。教頭・副校長にしかできない仕事は自分でするほかありませんが、教員ができる仕事はどんどん任せて、学校にはこのような仕事があるのだと気づかせることも必要です。「組織として動いていくにはこんな仕事もしなくてはならないのだ」という意識をもたせることもできますし、教育委員会等がどのようなことを求めているのかを理解させる手段にもなります。

進行管理ができていればあわてずにすむ

同時に、「教員は指導に関係ない仕事を忘れがち」というのもよくあることです。期限の当日になってから「あの仕事終わった？」と聞くのは、できていないことを叱るた

めに聞いているようなものです。

　任せた仕事は、進行状況を確認するためにこまめに声かけをして、期限前に完成できるように仕向けます。そうすればその教員を褒める理由ができます。褒められれば、次もがんばろうという意欲が生まれてくるものです。同じ仕事をしてもらうなら、教員がのって仕事に向かえるようにしましょう。

　期限になって付け焼き刃のように仕事を処理されても、ミスが多く結局自分でやり直さなければならないという事態に陥ることになります。お互いに楽をするための方策を考えることも重視していきましょう。

　「業務改善は一日にしてならず」です。自分の仕事を改めて見直して、どこに問題があるのかを考えていくことが重要でしょう。

4-3　幹部職員と連携する

幹部職員との連携を考える

　各学校には、中心となって活躍している幹部職員がいるはずです。幹部職員と管理職との定期的な打ち合わせ会をもっている学校も多いと思います。教頭・副校長の業務改善は、幹部職員との連携をいかに図っていくかにかかっています。

　児童・生徒の指導の最前線を統括するのは幹部職員です。その幹部職員が、校長や教頭・副校長がめざすことをしっ

かりと理解して、実際の現場をまとめて実施することが学校改革になり、学校全体の業務改善につながります。

一つの仕事を一人で抱え込むと、業務遂行の効率は落ちます。複数で分担すれば短時間で仕上がりますが、采配がしっかりしていないと点検業務が増えて逆に負担増になります。ですから、学校の業務改善は、幹部職員がいかに管理職の意向を理解して、それを適切に分担することができるかで違ってきます。

幹部職員の意識向上が必須

いろいろと分担をしたけれど、結局、教頭・副校長が最終点検をしなくてはならないとなれば、教頭・副校長の業務改善にはならず、逆に仕事を増やすだけになってしまいます。

それぞれの幹部職員が受け持つ範囲を明らかにして、どのようなことを求めているのか、どのような成果が必要なのかをきちんと伝えていくことが重要です。そのためには、幹部職員と管理職との定期的な打ち合わせ会を、効率的に進めていく必要があります。

日々の予定や業務の確認と、経営方針の実現に向けた対応の進行管理を同時に行っていると、重要な項目とルーチンワークとの差がわかりにくくなります。打ち合わせ会の司会進行は教頭・副校長が行ったほうが効率的に進められます。

もちろん、事前に校長と打ち合わせをしておき、話題と

すべきことについても確認をしておいたほうがよいでしょう。校長との関わりを密にもち、全体の進行管理を行うようにすることで、校内の情報の流れを一元化し、自分自身の業務改善になるように働きかけていきましょう。

4-4 教頭・副校長の仕事を見直す

外部人材を活用する

　管理職の職務は４管理２監督ですが、教頭・副校長の職務のなかで重要なことは、人事管理、予算管理、施設管理です。

　これらの職務のすべてを一人で完璧にやり遂げるということはたいへんむずかしいことですから、周りの職員の協力を得ながら進めることになります。最近では教頭・副校長補佐などの人材が配置されている学校も増えてきているので、そのような学校にとって新しい人材を活用していくことも重要になります。

　以前の学校に比べると、教頭・副校長補佐、教員業務支援員、ICT支援員、特別支援教育支援員など自治体によって名称は違いますが、学校のさまざまな業務を支援する人材が配置されるようになってきています。

仕事を任せて、他業務を並列処理する

　人が増えれば服務管理等が教頭・副校長の業務として増加しますが、単純作業ですむことは任せるに限ります。作

業を依頼し、その進行具合を管理すればいいのです。はじめのうちはなかなか思うとおりにいかなくても、任せた仕事に継続して取り組ませていくなかで仕事に慣れ、徐々に処理時間も短くなっていくものです。

　はじめは自分で処理する時間の倍はかかると考えて時間にゆとりをもって仕事を振ったり、仕事の量を調整したりすることで進めていくとよいでしょう。時間がかかる、ミスが多いなどでイライラするのは精神衛生上よくありません。時間がかかるもの、ミスがあるものと割り切って仕事を振ることから始めるとよいでしょう。

　少なくとも、仕事を任せている間は別の業務を進められるわけですから、それはメリットです。特定の仕事を任せられる教頭・副校長補佐が隣にいれば作業効率は格段に向上しますので、仕事を任せられるように育てていくことが自分の業務改善になります。

外部機関の対応には小さい組織で対応する

　外国籍児童・生徒が増加してその対応に苦慮したり、家庭環境や考え方の多様化により不登校児童・生徒が増加したりしています。そのため、子ども家庭支援センターや児童相談所からの連絡や対応に追われることもあります。外部機関との連絡には管理職が介在しないといけませんので事案発生とともに忙しさが増し、長期化するにつれて心理的圧迫も強くなっていきます。仕方がないと諦めるわけにもいきませんので、いろいろな対応を検討してなかなか効

果が出ないときには、より疲労感が増していきます。

　教頭・副校長が核となって進めていかなくてはなりませんが、教育委員会、外国語指導講師、スクールソーシャルワーカー、教育相談員、スクールカウンセラー、子ども家庭支援センター、児童相談所、教員などとチームをつくって対応していくことになります。外国籍児童・生徒の日本語習得や文化の違いをいかに収斂させていくか、不登校児童・生徒の本人への対応や家庭への対応はどうするのかなど、個々の事案によって課題が違いますので、適切なチームをつくっていかないと人は集まったものの、なかなか進まないということになってしまいます。

　人を集めることが目的ではなく、問題を解決することが目的ですから、小さな課題を立てて、少人数で問題解決の視点を共有するということの積み重ねが重要です。集まったからには解決しなければと思いがちですが、すぐに解決につながることは少ないので、長期戦を見据えて、少しずつということを考えながら取り組んでいくことが大切でしょう。それぞれの役職での思い込みや進めたい方向がありますが、それがぴったり一致していることは少ないので、問題を共有して解決の方向性を探ることを中心にした対応が必要です。

全部を背負い込まないことが重要

　パワハラ、モラハラ、セクハラなどハラスメントに関するニュースが増えています。SNSの普及により問題が顕

著になったという面もありますが、基本的には「人権意識」の違いによって生まれてくることが多いものです。ハラスメントをしている側はそんなつもりがなくても、受けている側は強いストレスを抱えています。

　管理職も教職員への対応を考えていかなくてはなりませんが、教職員間の対応、教職員と児童・生徒との対応にも留意が必要です。

　教頭・副校長がそれらの対応を一手に引き受ける必要はありませんし、管理職に言いづらい可能性もあります。校内のハラスメント対応の仕方や校内外の相談窓口などについて全教職員や児童・生徒、保護者に周知し、早期の対応ができるようにしていくことが重要です。

4-5 補助員等を活用する

🔖 任せることを是とする

　多くの正規職員以外の職員の配置が増えています。特別支援教育支援員、教員業務支援員、図書館指導員、教頭・副校長補佐、ICT支援員など学校種、学校規模によって多岐にわたります。そのため、服務管理には気を遣い、気苦労も多いように思います。

　対応する教員によっては補助員等に仕事を丸投げしてしまうこともありますから、どのような業務を依頼しているのかを管理職として確認していく必要があります。

　「教員が子どもと向き合う時間を確保する」ためには、

教員でなければできない業務ではないものを外部委託していくことは必要です。そのために、補助員等と協力していくことも重要です。どうすれば業務改善につながるのか、仕事を増やさない方向に進むのかを考えていきます。

　教頭・副校長としてしなければならない業務も、単純作業などであれば教頭・副校長補佐に任せることもできます。自分の仕事のなかで任せられる業務を洗い出して、積極的に依頼していきましょう。

2　教頭・副校長の仕事を工夫する

4-6　事務処理は一気に行い、事務処理をしない時間をつくる

自分でする処理と任せる処理を考える

　教頭・副校長が敢然と業務改善をするためには、業務内容を精選しなくてはなりません。多種多様な仕事を抱え、その処理に日々追われている状態では、改善の方向性さえ見えなくなってしまいます。仕事をどのように進めるのかについて見直しをしていくことが必要なのです。

　そのためには、仕事の処理に緩急をつけたり、内容の軽重を判断したり、ほかの職員に任せたりしていくことが重要になります。

事務処理をしない時間をつくる

処理が必要な案件は、毎日のように学校に届きます。その案件の窓口になるのは、教頭・副校長です。学校基本調査などの重要な調査から家庭に配布するパンフレット、電話対応、郵便物・ダイレクトメールなど、1日100件はくだらないでしょう。年度はじめの多いときには500件を超えることもあります。

しかも、五月雨式に教頭・副校長のところに押し寄せてくるのですから、一つひとつにその場で対応していたのでは、仕事はいつまでたっても終わりません。細かい数字に気を遣う処理をしていたら、教育委員会から緊急の処理要請の電話がかかってきて、途中だった仕事は結局、再度やり直しになったという経験のある教頭・副校長も多いと思います。

新任の教頭・副校長はどんな仕事でも毎日その処理の経験をしていくしかありませんが、ある程度慣れたら、1日のなかで特殊な案件以外は事務処理をしない時間帯をつくり、気分を切り替えることが、最終的に効率化へとつながります。

事務処理をしない時間をつくることで気分転換になり、次の仕事に取り組むときに集中できます。どんなにがんばっても、人間の集中力はそれほど長くは続きません。「しなければならない」と自分を追い込むことで、結果として作業効率を落としてしまうことはよくあることです。

4-7 処理が必要な文書は、色別に分類する

色別にして重要度・緊急度を「見える化」する

毎日届く処理が必要な文書は、いつの間にか目の前に積み上がっていきます。レターケースの各段に色分けやラベリングをして、その中に書類を入れることもあると思いますが、結局その段の中に書類が積み重なってしまい、段の下のほうに処理されない書類がたまってしまうことも多くあります。

人によってやり方は違いますが、処理が必要な文書を緊急度や処理優先度に分け、1文書につき1枚ずつの「赤」「黄」「青」の3種類のクリアファイルに入れることをおすすめします。「赤」はすぐに処理が必要なものや重要な処理案件の文書、「黄」は近日中に処理すればよいもの、「青」は処理の期限が先のもの、というように分けるのです。

それ以外のものは、回覧・供覧するものや保存すればよいものは「すぐ」にその処理をし、期限はないもののなんとも判断できないものは「とりあえず」とラベリングしたファイルボックスに入れることにしていました。

1文書につき1枚のクリアファイルを使うのは、処理文書が紛れてしまうことを防ぐためです。そして、ファイルの色の量によって、今、自分がどんな処理をすべきかが視覚的にわかり見通しがもてるからです。ファイルはファイルボックスに立てて置くか、自分の机の横に色分けの状態

がわかるようにして重ねて置きます。ファイルが見えなくなってしまう状態にするのは、しまい込むのと同じですから厳禁です。

すぐ手元から離してしまうことが処理のコツ

「それ以外」を先に処理するのは、無駄な処理に時間をかけず自分の手元から離してしまうことで、仕事内容を精選するためです。どうするかを考えずにすむものは即断即決です。毎朝または帰り際に処理文書の量を確認し、いつ、どの時間にどの文書を処理するかを考えることも重要です。赤を優先的に処理していきますが、黄や青にも留意して、必要があれば別の色のファイルに移し替えます（極力入れ替えないで処理をすることをおすすめします）。

ファイルケースを入れ替えることが重要なのではなく、文書を効率的に処理することが重要なのですから、入れ替えにあまり気を回さないことも大切です。

4-8 期限を守る

期限に追われないようにする

教頭・副校長の手元には、年間を通じて膨大な数の処理すべき案件が回ってきます。ある程度先の期限のものもあれば、翌日には回答しなくてはならないものまでいろいろです。自分で処理できるものもあれば、分掌の担当者に処理を任せなくてはならないものもあります。しかし、どれ

にも共通することは「期限」が決まっていることです。

　いつでも自分の都合のよいタイミングで処理できるならばさほど苦にならないことでも、同時期の提出を求められる案件が複数あると苦痛の度合いが強くなりますし、処理の質も下がり、結果的に仕事への満足度が低下してやりがいを感じなくなってしまいます。また、期限を過ぎてしまい担当者からの督促の電話がかかってきた場合には、「する仕事」から「やらされる仕事」に変質し、よりつまらない仕事になってしまうことが多いものです。

小さいスパンで仕事を完成させていく

　このような悪循環を断ち切る方法は「期限を守る」ことの徹底です。収受した文書で回答が必要なものは「その日のうちに処理」を最大目標に掲げ、収受したそばから回答していけば手元に残る書類は格段に減ります。

　多くの教頭・副校長は「そんなことをいっても、抱えている案件が多くて手が回らない」というでしょう。しかし、そこは発想の転換です。抱えている案件は「抱えている内容」があり、その処理に時間がかかるから抱えざるを得ないため、すぐに解決に向かうことができないのです。

　それならば、すぐに処理できることを片づけて、じっくりと対応するための時間を生み出すのが、効率的であるといえます。10分で処理できるものも後回しにすることで、再度文書を読み直す必要が出て、結局処理に20分かかることがあるのです。

「手元に必要な資料がない」ときには、付箋に「○○を探す」と書いて貼り、クリアファイルに入れて脇に置いておけば、処理する段階で何を探せばよいのかがわかりますから、即時処理と変わらない対応ができます。「期限を守る」ことは、自分を忙しくするためではなく、自分を楽にするために行うものと考えましょう。

3 教頭・副校長の働き方を変える

4-9 QOLの向上をめざす

教頭・副校長職に意味を見出す

　教頭・副校長は学校の要であるといわれます。学校に来るさまざまな事案への対応の窓口は教頭・副校長ですし、校内の教職員への仕事の割り振りも教頭・副校長を通して行われます。教頭・副校長がいなければ、学校運営が進みません。すべての仕事を統括する職ですからやりがいがあると同時に、すべての仕事を抱え込むことで毎日の仕事が苦しくなってしまうこともあります。

自分のQOLの向上をめざす

　「働き方改革」も、労働時間の短縮という面で語られることが多いですが、その根幹は「QOL」（クオリティ・オ

ブ・ライフ、生活の質）にかかわるものとしてとらえることが重要です。生活の質や人生の満足度をどのようにしたら向上させることができるかという視点で、職務を見直していくことが必要なのです。

　働き方改革では「QOL」の向上がその根幹であり、職務の満足度を高めていくことが重要です。業務改善も、自分の職務がいかにやりがいのあるものであるのかを意識することから始めていかないと、仕事の絶対量を減らすことばかりに目が向き、仕事の質は高まっていきません。やりがいのない仕事を進めていても充足感が得られませんから、結果として「QOL」が向上していかないのです。

　また、単に時間を削ることばかりに躍起になっても、仕事の成果について自分自身が満足できなければ、働き方改革にならないばかりではなく、仕事の質や満足度を下げてしまうことになりかねません。「QOL」を向上させていくために、どのような改革をすべきかについて考えることが重要なのです。

4-10 ON・OFFを区別する

休日はしっかりと休む

　日々の仕事を進めていくうちにいつの間にか仕事が溜まってしまい、休日出勤して処理しなくては追いつかないという経験は、多くの教頭・副校長にあるでしょう。土日の両日を休みにするのはむずかしいかもしれませんが、「ど

ちらか片方は必ず休む」と決め、そのためにはどのように仕事を進めればよいかの計画を立てることが必要です。

　休日に仕事を回さないようにするためには、平日に仕事を詰め込むしかありません。平日の仕事量が増えるわけですから、一つの案件にかける時間は短くしなくてはなりません。どうしたら短い時間で仕上げられるのかを考えることも重要です。

　「休日に休む」ことは、仕事の効率化を果たすことと同義です。どうすれば効率的に仕事を進めることができるのかを考えるよい機会でもあります。

仕事を進める自分だけの工夫を見つける

　自分だけで仕事を進めるのであれば計画を立てるのも楽ですが、教職員に任せる仕事もありますから、そのマネジメントも含めると容易ではありません。

　しかし、効率化を図っていかないと、いつまでも同じペースの仕事になってしまいます。「ToDoリスト」「仕分け棚」「付箋」など、自分のやり方に合った仕事量の把握の仕方を考えて、現在の仕事の総量を把握できる方法とその解決手段を見つけていきましょう。

　「休日」はしっかりと休日として過ごし、心身ともにリフレッシュして次の週の職務に当たれるようにしたいものです。自分で生み出した休日を、「生活の質の向上」に当てていきましょう。

4-11 授業を楽しむ

授業は子どもを育てるという意識で

病休や産育休等で臨時的任用教員を探したものの見つからず、やむなく担任をしているという教頭・副校長もたくさんいるように思います。自分の本来の業務に上乗せされる形での担任業務になりますから1日が終わるとヘトヘトになっていることも多いことでしょう。

担任業務を後回しにすることはできませんので、教頭・副校長としての仕事のうちで、他の人に任せられる仕事は主幹教諭、教頭・副校長補佐等に少しでも回して、できる限り万全の状態で授業に臨んでいきましょう。「やるからには楽しむ」という心構えが必要です。

担任業務をしていれば、授業を行う楽しさを感じるとともに、担当する学級の児童・生徒の詳細な実態把握ができますし、隣接している学級の状態も把握できます。同じ階に配置されている他学年の状況もわかります。教頭・副校長の職務として行うべき学校内の教職員や児童・生徒の実態把握を現場で詳細に行う機会になっていると思えば、負担感も減ってくるでしょう。

教材研究や教材作成を同学年の教員やその教科を得意とする教員と一緒にすることで、副次的に教員の指導・育成にもなります。担任時代には「子どもといて楽しい」と思っていたはずです。その時のことを思い出しながら、せっかくの機会を大いに楽しむようにしていきましょう。

4-12 多くの本を読む

読書を通した情報収集

「読書が趣味」という方も多いと思いますが、「多くの本を読む」というのは読書とは趣が異なります。教頭・副校長としての情報収集の機会を増やすということです。ですから、時代小説、推理小説、紀行文、エッセイ、教育書、雑誌などさまざまなジャンルの本を、自分自身の知識を蓄えるために読む必要があります。最近話題の要約本などは、手軽に長編小説の概略を知ることもできますが、やはり本物に触れることが重要です。

本は保管するのに場所をとりますから、教頭・副校長仲間で本を交換するなどしてもよいかもしれません。趣味ではなく学びとして読むわけですから、同じ情報を共有することで、それぞれの学校での教職員の指導に生かせる面や情報交換の際に生かせる内容も生まれてくるでしょう。

得られた知識を学校運営に活用する

本から得た知識は、ただ貯めておくだけでは仕方ないので、教職員に「紹介する」「おもしろい一節を伝える」などをしながら活用していくことが必要です。

歴史にかかわって「○○という見方もあるよ」、理科にかかわって「○○という発見があったらしい」などの話題を提供して、教職員とのコミュニケーションの手段として活用することもできます。

相手が知っていればその話題を深めることができますし、知らなければそれをきっかけにして話をつないでいき、その教職員の見方や考え方をつかむことができます。

たくさんの本に触れ自分自身を豊かにしていくことが、よりよいコミュニケーションの一助になります。

4-13 自分の得意な世界を充実させる

自分の得意なことを活用する

当たり前のことですが、教頭・副校長も一人の人間ですから、得手不得手があります。オールマイティをめざすことも大切ですが、教職員とのコミュニケーションを図るうえでは、「しっかりとした自分の世界」をもっていることも武器になります。「○○教頭（副校長）先生は△△が得意だ。□□には詳しい」という認識が教職員に広がれば、そのことを話題として日常の会話も充実してきますし、他の教職員から別の話題を引き出しやすくなり、会話の機会も増えてきます。

ここで大切なのは、「昔○○だった」という過去の話ではなく、「今○○をしている」という現在形の話をすることです。スポーツや芸術、旅行、手芸など趣味の視点で、今現在も自身が成長をしているという話題が大切です。

趣味の世界から発展させる

鉄道に乗るのが趣味ならば、休みの日を使って鉄道に乗

り、そこでの見聞を話題にして教職員とコミュニケーションをとるのも一つの方法です。単に自分の趣味を披露するのではなく、その話題のなかに教育的な価値や仕事の進め方を上手に織り込んでいくことも忘れてはいけませんが、そこを強調しすぎないようにする話術も必要です。

時刻表が好きならば話題のなかにグラフの読み方をさりげなく盛り込んだり、ペーパークラフトならば刃物の安全な扱い方や留意点を盛り込んだり、美術館巡りが好きならば教室内の掲示方法についての配慮点を盛り込んだりとさまざまな活用が考えられます。話題をつくるために無理やり何かに打ち込むのではなく、自分の趣味の世界を起点として幅広く考えていこうとすることが、豊かなコミュニケーションにつながっていきます。

教頭・副校長になって仕事が忙しくなり趣味の世界から遠ざかっているようならば、趣味の世界を広げることも仕事の一つと割り切って、精一杯楽しみましょう。

4 教育委員会との関わりを改善する

4-14 教育委員会を活用する

教育委員会は学校の味方

働き方改革に大きな影響をもっているものに、教育委員

会の諸施策があります。教育課程の編成は校長の権限であり、さまざまな学校事情をかんがみてその学校らしさを教育課程という形で表そうとしますが、実際に編成作業をしていくなかでは、文部科学省、都道府県教育委員会、市区町村教育委員会のさまざまな教育施策を反映しなくてはなりませんから、完全な学校独自の教育課程を編成できるわけではありません。

　日常の業務を進めていくなかでも、毎年同じような調査が来たり、新たな調査依頼が舞い込みてんてこ舞いになったりして、「これがなければもっと別のことができるのに」と思うことも多いでしょう。

　対応が必要なことが起きたとき、新しく何かをするときなどは、教育委員会におうかがいを立て、その結果で対応を変えていかなければならなかったという経験もあると思います。

　こう考えていくと、学校と教育委員会は対立関係にあるようですが、実際には教育現場と直結している市区町村教育委員会は学校の味方であることが多いのです。

　トラブル対応で、ある事案に対してＡ校が行った対応とＢ校が行った対応が異なっているときに、それぞれの学校が「他校では……」と指摘されることがあります。個々の学校間でのネットワークは限られていますが、統括する教育委員会には多くの情報が集まってきますから、「このような共通の対応をするとよい」と考えることができ、それをもとにして大きな差のない対応をしていくこと

で無駄な事後対応を減らすこともできます。

　これは、それぞれの学校の業務改善にもつながっていきます。「対立ではなく協力」が大切なキーワードになります。

教育委員会に伝えることで、状況が変わる

　学校には、さまざまな要望や期待が寄せられます。前向きな情報は教員の活力になりますが、苦情や過大な期待は教員を疲弊させていく要因です。

　近年は、「自分の問題意識は学校全体の問題意識である」「家庭の教育方針に合わせた対応をしてほしい」など誤った認識による過度な要求をしてくる保護者や、「自分の子どもがこう言っているから」と客観的な判断を伴わない一方的な対応要求をしてくる保護者に困っている学校が増えています。

　トラブルへの対応は学校で行うことが基本ですが、問題が発生したときには、その解決に向かう過程で早めに市区町村教育委員会に情報提供をしましょう。

　学校内で解決できると判断していたことも、少し停滞すると相談者がすぐに教育委員会に相談を持ち込むことが増えています。教育委員会は、状況がわからないままでは対応ができないので、「学校は教育委員会と問題を共有していないのか。問題を隠蔽するつもりなのか」と、相談者がよりヒートアップすることにもなりかねません。教育委員会が「学校から報告を受けています。今対応を検討中で

す」と答えるだけで、相談者が落ち着くということもよくあります。

　また、学校が「教育委員会にも伝えてありますので、どのように問題を解決していくか協議をしています」といえば、「それなら……」と答える相談者も多いものです。相談者が落ち着くということは、問題解決に一歩踏み出したということです。

　相談者を落ち着かせることで次の一手を打つことができ、教員の無駄な時間を省くことにつながりますし、学校内の業務改善にもつながっていきます。言い方は悪いですが、「教育委員会を利用する」ことも重要なポイントになります。

4-15 各種調査を業務改善につなげる

教育委員会の担当者を啓発する

　「教員の働き方改革」における多忙の要因として必ず出てくるものに、「調査が多く、その回答に時間がかかる」ということがあります。確かに、教育活動に直結しない調査の量は多く、「なんで同じ調査を毎年するのか」「同じような内容の調査をいろいろな部署が行い、回答の仕方が違うのでそれぞれに答えなければならない」と思うこともあります。

　教育委員会も行政の一つですから縦割り行政といわれる仕事の進め方をしていますので、部署間を越えた情報の共

有は十分とはいえません。係や課のパソコンの中にデータが保存され、それが共有されていないので他部署でデータの使い回しができず、新たな調査が発生するということもあります。議会対応で、至急といわれる調査が頻発することもあります。

各種調査のそれぞれの必要性は今後十分検討していく必要がありますし、「とりあえずデータを集めておこう」という調査は廃止すべきですが、必要なものはきちんと回答していくことがその後の無駄な時間を省くことにつながります。

ただ、順送りで回答をしていてもなかなか次につながりませんから、少しの空いている時間を活用して、今後も同様の依頼がくると想定される調査の回答をデータベース化しておくと次が楽になります。無理して形式を整えなくても、WordやExcel形式で記録しておくだけでも次の回答に使い回せます。単純な回答は同じものを使うという気持ちで取り組むと省力化につながります。

調査のデータは指導課、学務課、施設課などの各部署が集約しています。自分のデータベースに似た調査があるなら、教育委員会の担当者に「以前○○について回答していますが、そのデータは使えませんか」と問い合わせるのも1つの手です。教育委員会の担当者が替わった場合に、昨年のデータをもとにして調査内容を精査しないで今年の調査を依頼してくることもあるからです。本当に必要な情報を調査するように担当者を啓発していくことも、業務改善

につながっていきます。

逆算の意識で業務を進める

　教員の意識として「教育活動」に直接つながらないことは後回しにする傾向があります。調査の回答担当になっても、授業準備に時間がとられ、気がついたら締め切り日になっていたということはよくあります。教員は「教育が専門」ではありますが、組織の一員であり、その組織運営にかかわる業務をしなければなりません。しかし、その意識が十分とはいえないわけです。

　「決められたものを決められた期限までに」というのは、社会人としては常識です。忙しいことは理由になりません。一般の会社組織なら、もっと業務改善をせよといわれるでしょう。学校としては、どのような業務改善ができるのかについて、今後検討していく必要があります。

　まずできることは、教員が、「調査の期限から逆算して、いつまでに回答原案を作成し、いつまでに起案し、いつまでに決済を受けるか」という仕事の進め方を意識して取り組むことです。それが、組織人として必要な能力を身につけていくことになります。

　一人ひとりが「逆算の意識」を身につければ、教育活動にかかわるさまざまな活動も計画的に運営することができるでしょう。教頭・副校長としては、期日を書き入れた確認表を作成して調査を各部署に回すことで、「期限の意識」「逆算の意識」を育成していくための方策にするなど、

工夫をすることができます。

「面倒くさい」「無駄が多い」といわれる教育委員会からの調査ですが、活用方法を考えれば、業務改善や働き方改革につなげていくための方法が見えてきます。

5 教員の働き方改革を進める

4-16 業務を見直し計画的に業務を進める

今の学校の困った現状

近年、教員の病休や産育休の臨時的任用教員が見つからない、時間講師でさえ見つからないという状態で、教頭・副校長が学級担任や教科担任をしていかないと学校が回らないという事例が増えています。とくに精神疾患で病休になった場合には月単位、3ヵ月単位の診断書が都度提出されるため臨時的任用教員の手配さえできないので、教頭・副校長がその対応に当たるということは当然と受け止められている面もあります。

時間外労働を減らし、教員の働き方を適正なものにするためには、最終的には教育内容の削減（縮減）、正規教員の増員、教育内容外の担当専門職員の配置により、教育の専門職としての教員がその教育内容の実現のために専門性を遺憾なく発揮できるようにする必要がありますが、その

実現はまだまだ先のように思います。教育内容の実現のためにかける時間よりも、その他の雑事にかける時間のほうが多く感じられている現状が、教員の疲弊感を高め、メンタルヘルスにもよくない影響を与えています。

仕事を見通し、事務量の縮減を考える

　教頭・副校長ができることは、教員の事務量の縮減です。現状が変わらないなかで学校単独で事務量を減らすことはむずかしいですが、仕事内容の見える化と様式・形式の縮減はできます。

　いつ、どんな仕事が来るのかがわからないことで受ける心理的負担は大きいですから、年度当初、分掌組織に年間を見通していつどんな時期にどんな仕事があるのかを明確にさせて、職員全体で共有することで、個々の教員がどのような仕事があるのかを意識することができるようになります。分掌組織表のさらに先を作成させるのです。

　そこに掲載されているものはやらなくてはいけないことですから、ToDoリストをつくったり、進行表をつくったりして、仕事の進み具合を目で見て確認できるようにします。仕事を進めていくとやるべきことが目に見えて減っていくため、教員の達成感にもつながります。近年はICT環境も整ってきているので、わざわざ紙ベースにして貼り出さなくても、そのデータを校務支援システムにのせて教職員が共有することもできるでしょう。仕事をすべて教頭・副校長が肩代わりはできませんが、それを見なが

らの進行管理はできます。

　年度当初に計画されていないものは、その内容により縮減できるかどうかを検討します。重なりがあるものであれば「○○参照」ですませればいいですし、そうでないものならば要点の箇条書きですませる、文字数を少なくして書くなどの工夫を考えていくといいでしょう。

● モチベーションを高める地道な声かけ

　教員が最も充実感を得られることの一つは、授業がうまくいったときです。「楽しく授業をする」ということが教員のモチベーションをあげ、自己肯定感を高めることになります。そのためには、教頭・副校長がいかにサポートできるかもかかわってきます。「授業の工夫を一緒に考える」「板書のヒントを与える」「発問の要点を示す」など、時間がかかってたいへんな面もありますが、それが、最終的にはよい授業につながり、ひいては教頭・副校長の業務の縮減につながるのです。

　次期学習指導要領では、１コマの授業時間を小学校40分、中学校45分にするなど各校で柔軟化を図りやすくすることが検討されていますが、これまでの学習手法ではそれに対応できなくなることも考えられます。「急がば回れ」ではありませんが、今後の方向性も見据えながら教職員に地道に声かけをしていくことが学校の教育力の向上につながり、教師のメンタルヘルスにもよい影響を及ぼすのです。

宿題を出さないことも業務改善の一つ

　毎日の教員の仕事の一つに宿題の確認があげられることがあります。宿題は本当に必要でしょうか。多くの学校では、家庭での学習の習慣化を図るという題目のもと宿題が出されているように思います。

　宿題は、主に今回の授業で十分に課題が達成できなかった子に対して次回の授業に向けてしておく必要のある内容を課題として設定するものであり、家庭の学習習慣づけのために行われるものではありません。まして学校で教育が十分にできないから家庭での時間を使って何かをさせるものでもありません。必要な教育内容を授業時間でしっかり身につけさせることが、学校（教員）の責務であり、教育内容の肩代わりを家庭にさせないことが必要です。

　教員の業務軽減の1つとして「宿題を出さない」ということを進めていくのもよいでしょう。そうすれば宿題の確認の業務はなくなります。宿題を忘れた子に対して指導する必要もなくなります。

　その代わりに、必要があれば「自主学習」を取り入れていくとよいでしょう。何をするかは子ども自身が考えて、その内容をノート等にまとめ、希望があれば教員が確認するというものです。俳句をつくる子、興味のある恐竜について調べる子など自主学習をする内容はさまざまになると思いますが、自ら学びたいと思ったことを学ぶ機会になりますので、学習の効果は高くなります。

長期休業中は子どもを家庭に返す

これからは、長期休業中の宿題も廃止し、長期休業中は子どもを家庭へ返すようにしていくことも望ましいように思います。これまで学校が家庭生活に大きく関わるように動いてきましたが、それを縮減することで、教員の業務軽減になるでしょう。

もちろん、縮減した分だけ授業の質の向上は必要ですから、そのための教員の意識向上に向けた教頭・副校長の関わりは重要になります。単に宿題という業務をなくしただけで授業の質が向上していないのであれば、これまでの教育の質の維持はむずかしくなります。

4-17 ICT機器を活用する

省力化のための職員への啓発

職員会議、校内研究会、学年会、分掌会議、職員朝会（職員夕会）、各種研修会など、学校ではさまざまな機会に会議・打ち合わせがあります。教員が教育活動のみに専念できれば、各種の会議も少なくなるでしょうが、現状そうではありません。

「顔を合わせて説明し共通理解を図っていく」という文化は、根強く学校に残っていますが、文書による起案・決済を進めていくことも必要です。「説明してもらっていない」「文書ではよくわからない」などの言い訳は一般企業では通用しません。人を集めることで時間的コストがかか

りますし、わかりきったことを確認するために常に会議を開催していてはいくら時間があっても足りません。短い時間で効率的に進めていくにはどうしたらよいかを考える必要があるのです。

　せっかく校務支援システム等が導入されているのですから、職員会議の資料をデータとして校務フォルダに保存し、それをもとにペーパーレスの会議を進めることで印刷の手間を減らす取り組みや、職員打ち合わせで伝える内容をデータにして配信することなどもできます。会議の前に資料を読むことができるので、自分の都合のよい時間に内容を確認しておくことができます。

　また、資料は会議前に読んでおくことが前提となりますから、大事な点だけの説明ですませることで時間の短縮にもなります。従来のように会議の際に多量の文書が配付され、それを読む時間で手一杯になるということもなくなります。

教員を育てる

1 計画的に人材を育成する

5-1 校内研究を通して人材を育成する

● 人材育成のポイントを考える

人材育成というと、若手教員のことがクローズアップされがちですが、どの職層においてもその時々で必要な資質能力を育てることは重要です。さらに、「人材育成ができる人材」を育成することも急務になっています。また、ある程度の経験を積んだベテラン教員は、自分の経験をもとに仕事をしようとしますから、学校の経営方針や実情に合わない発言や行動をすることもあります。そのようなベテラン教員を改めて育成することも、現代の管理職に必要な視点となります。

前例踏襲は、経験と慣れで対応できますから、その場にいる教員にとっては楽な方法です。しかし「新たな学びを児童・生徒にさせていくという目的のために何が必要か」を議論しないままの前例踏襲では、業務改善にならないばかりでなく、今行うべきことを将来に先送りすることになります。

● 参加することで学びを深めさせる

校内研究・研修を活用した人材育成では、「参加型」「双

方向性」がキーワードとなります。「参加型」や「双方向性」のよさは、参加者が主体的に取り組むことができるということです。

どんなによい話でも、受け身で聞いていただけでは自分の授業改善に生かせませんし、時間が経過すれば忘れてしまいます。「参加型」や「双方向性」のよさを吟味し、参加者が課題を自分事としてとらえ、自分の言葉で話せるようにしていくことが重要です。

専門的な知識をもつ講師や教員の一方的な話を聞くよりも、実際に自分で考えたことは、自分の授業改善に向けた具体的な取り組みになっていくのです。校内研究・研修の形態を、参加者が自分事としてとらえる仕組みに変えることが、経験年数の浅い教員の人材育成の際のポイントとなります。

5-2 OJTを活用して中堅教員を育成する

OJTの計画をしっかり立てる

OJTによる研修では、OJTを受ける側に焦点が当たりがちですが、OJTは教える側を育成するためにも有効な手段です。昔から職人の世界では徒弟制度があり、弟子は「見て学ぶ」「技を盗みとる」といわれることが通例でした。

現代の教育現場は「見て学ぶ」や「技を盗みとる」というほどの時間的な余裕はありません。いかに効率的に力をつけさせていくかが課題にもなっています。OJTで教え

る側が、「何をどのように」ということをしっかりと考えて、計画的に進めていく必要があります。OJTの推進は、教える側の資質や能力にかかっているといっても過言ではありません。

　OJTで教える側に立つのは、多くの場合は中堅教員です。これまでの経験がありますから、ある程度のことはそつなくこなすことができます。しかし、自分ができるのと相手に伝えて実践できるようにさせるのとでは大きな差があります。ですから、OJTを進めていく際にはしっかりとOJTの計画を立てさせることが重要です。

OJTの進行管理をする

　指導的役割を任せたときに、「OJTですから、実際に仕事を一緒にしながら学んでいってもらおうと思っています」と話す中堅教員が多くいます。実際に仕事を一緒にしながらというのは、言葉を換えれば「場当たり的に必要なことを教えていく」ということです。「身につけさせたい力は何か」を考えて教えるのではありませんから、教えられる側が体系的に学べる状況にはならないわけです。

　そこで大切なのは、OJTの進行管理です。計画や指導内容などを事前に文書で提出させ確認することで、その内容が指導を受ける側に適しているのか、すでに習得ずみのことかがわかります。また、身につけさせたい内容が指導事項に入っているかも確認できます。

　計画を立てるということは、授業と同じで指導者側の準

備が必要です。その準備を行う過程で、指導者側は自分の頭の中を整理し、相手に伝えるための方法を吟味し、効果的な対応を考えようとします。この作業こそが、中堅教員の人材育成になります。

5-3 長期休業を自己研鑽の機会として位置づける

研修会への積極的な参加を促す

　長期休業中は、学期中に比べて長い時間が確保できるため、教育委員会主催の各種の研修会が開催されます。年次研修や指定研修など参加が義務づけられている研修も多数ありますが、希望参加の研修会も多くあります。

　新たに研修会に参加することに二の足を踏む教員もいますが、ゆっくりと時間がとれる時期なので、自分の教育の幅を広げるために興味のある研修会には積極的に参加するように声かけをしていくことが必要です。とくに教職経験の浅い教員には「普段はこんなことを考える機会は少ないから、ぜひ聞いておいで」と参加を促すことで、次学期からの指導に役立つ経験をさせることもできます。

報告書は「簡潔に」「無駄なく」を意識する

　研修会へ参加した後でその事後報告をする機会を設定することは、学校づくりにおいて重要なポイントです。特定の研修に参加した場合だけではなく、どの研修会に参加した場合でも研修の内容を1枚にまとめて全教員に配るこ

とが一連の流れになっていれば、「研修会に参加することで仕事が増える」という負担感は減ります。

そこで必要なことは、長期休業中の研修会だけではなく、年間を通じて研修報告をするという学校文化をつくっていくことです。教頭・副校長として学校づくりにかかわる大切なところです。A4用紙何ページにもわたる報告を求めるのではなく、1ページ程度にまとめたもので報告に代えさせるだけでも、受動的な研修から能動的な研修に変わっていきます。それこそが自己研鑽の機会であると考えられるように働きかけていきましょう。

次の改善に生きる声かけをする

授業の反省や記録の整理、教材研究、次学期の指導計画の改善なども、時間をかけられる長期休業中だからこそ行えます。

通知表の評価や所見などには管理職として目を通しているはずです。そこで気になった記述をもとにして「○○先生、△△の評価にCが多かったようだけど、その原因は分析しましたか。何か対応を考えましたか」と声かけをしたり、「○○さんの所見に□□と書かれていたけど、2学期はどのように指導していこうと思っていますか」と投げかけたりするなど、自分が手に入れた情報を有効に活用していきましょう。

2　ミドルリーダーを育てる

5-4　日常の授業観察を定期的に行い、よい点・改善点を伝える

ミドルリーダーの資質を見極める

　ミドルリーダーの役割として、若手教員の指導・育成があげられます。若手教員に授業を示範し、発問・板書・個別指導などよい授業を構成するポイントを示すことや、若手教員の授業を見てよい点や改善点を指摘できるようになることが重要です。

　しかしながら、ミドルリーダーのなかには示範となる授業の実施や適切な指摘ができる教員もいれば、そうでない教員もいます。ミドルリーダーに基本となる授業を実施できるようにさせていくことは、教頭・副校長の重要な使命です。

よい点を2点、改善点を1点具体的に伝える

　よい授業を実施させるためには、日常からその教員の授業を観察することが必要です。1単位時間のすべてを見なくてもかまいませんから、授業を見てよいと思える点を2点、改善を要すると思える点を1点伝えていきましょう。

　よい点はどんな細かいことでもいいですし、同じことを

何回伝えてもかまいません。できる限り具体的に、「○○への声かけの言葉がよい」「○○の場面での板書の矢印がよい」というような伝え方が効果的です。改善点も、できる限り具体的に「○○と指示したけれどわかりにくかった。△△と指示した方がよい」という形で伝えていくことです。

若手指導に生かせるような具体的な指導をする

漠然と「発問を改善しよう」と伝えても、その教員が問題意識をもっていない限り改善のしようがありません。このような経験だけでは、いざ若手教員への指導・育成に関わっても、自分の経験頼りの指導や精神論に終始した具体性のない指導になってしまいます。自分が具体的に指導される経験が重要なのです。

よい点をたくさん指摘されることで指導に対して自信がもてるようになりますから、その経験が若手指導の際に生かされることになります。

5-5 分掌に特化した声かけを行う

「○○主任」という名称を活用する

若手教員が増加するなかで、教職経験が年に満たなくてもミドルリーダーの役割を果たさなければならない状況が増えてきています。これまで若手教員として指導されてきた教員が、急にミドルリーダーの役割を果たすことになるのです。

そうなると、ベテラン教員について若手の指導・育成の方法を学んだり、一緒に仕事を進めていくなかで指示の仕方を理解したりする経験が圧倒的に不足することになります。ミドルリーダーとして指名した段階では、すぐにその役割を果たすことはむずかしく、指名してから初めて、ミドルリーダーになるための指導・育成が始まるのです。

ミドルリーダーとして広い視野で学校を見ることのできる資質能力を育てていくためには、役割意識が明確な分掌による指導が効果的です。「○○主任」など、役割を考える機会をもつことで、その役割を通して学校全体のことを見る視点を養い、他の教員へ適切な指示ができるようにさせていきます。

危うい場合にこそ進行管理をする

ミドルリーダーが「若手にはうまく指示ができず、かといってベテランにはものが言えない。そのため自分で仕事を抱え込んでしまい他の教員が何をしたらよいのかわからない」という状況が頻発しないようにするために、教頭・副校長として外側からの進行管理が求められます。

まだまだ危うい状況のときには、ともするとやり方そのものにも口を出したくなりますが、そこはぐっとこらえて頻繁に相談させるようにすることが重要です。独断専行とならないように、しかし職務遂行上の遅れがないように手綱を握っておくことです。そのためには、日常の声かけが欠かせません。

自己判断の経験を積ませる

「○○はどこまで進んでいるかな」「困っていることはないかな」「決めかねていることはないかな」など相談に乗るという形で声かけをし、進行状況を確認していきましょう。そして、「AとBとCという対策が考えられるけど、私はBがいいように思う。あなたはどう考えるかな」などとさりげなく誘導しながら、その教員が「Bがいいと思います」と自分で判断して進めたと思わせるように仕向けていきましょう。

このように、自信をもたせ、自己判断ができるようにさせていくことがステップアップにつながりますし、判断の基準をきちんと指導し確認していくことで、さらなる職務遂行に向けた経験をさせることができます。

5-6 他学級の児童・生徒の話題を話す

児童・生徒の具体的な姿で語る

ミドルリーダーは主任層としてさまざまな役割を果たしていますが、主任としての役割を着実に果たさせるためには、児童・生徒の個々の状況を話題にする、という手があります。そうすることで、自分では気がつかなかったポイントを明確にすることができます。

そして、その話題のなかから学校のよい点や欠点に目を向けて、ミドルリーダーとしてどのようなことをしたらよいのかについて考えさせることもできます。

学級による指導の違い、学年間の方針の違いなどは児童・生徒の姿から読み解くことができます。「A学級の子どもは〇〇だけど、B学級は△△だね。あなたならどうしたらいいと思う？」など、具体的な児童・生徒の姿を借りて指導のずれを指摘し、その対応策について考えるきっかけをつくるということは、即時対応ができるようになるための大切な方策です。そして、普段は気にとめなかった児童・生徒の実態をとらえようとする視点をもつことにもなります。

教員の指導法について直接的に話題にしなくても、児童・生徒の実態を話題にすることにより、学校としての指導に自分がどのように関わっていくべきなのかを考えさせることができるのです。

3 ミドルリーダーの指導力を向上させる

5-7 良好な成果の実施計画の改善点を2つ考えさせる

主体的に取り組む意識をもたせる

次年度計画の大筋が確定し、それに向けた準備を進める2月頃は、各分掌における年度末反省も終わり、改善点も出揃い、よりよい教育活動をどのように実施していくかに

ついて考える時期です。現在の実施計画を継続していくにしても、新たに改善を加えた計画を実施するにしても、その計画の全体像を把握している教員が必要になります。それが、各計画の担当者であるミドルリーダーです。

　計画の全体像を管理職しか把握していないということはないと思いますが、担当者が主体性をもって取り組んでいるかどうかにより実効性は変わってきます。この時期は、ミドルリーダーを「与えられた職務は忠実に行うが、それ以上ではない段階」から、「主体的に職務遂行をしていこうとする段階」へと引き上げるよい機会でもあります。

「よりよくするため」の改善点を考えさせる

　今年度実施したもので、改善すべき点や反省の少ない行事等も多くあると思います。適切に実施でき、問題点も少ないということは、通常であれば次年度もそのままの計画で実施することが望ましいでしょう。

　次年度異動があったとしても、残った職員が実施したことのある内容であり、新しく異動してきた職員も、その職員からノウハウを学ぶことができるわけですから、大きな変更をしないという選択が無難なことは間違いありません。しかし、「問題点が少ない」ことと「よい計画である」こととは同じではありません。検討してみたらもっとよい実施計画になる可能性を秘めているわけです。

　主幹教諭や担当の主任だけでなく、別の主任にも「○○はよかったと評価が高いので、次年度よりよくするために

改善できるところを2つ考えてくれないかな」と投げかけてみましょう。今年度の実施内容を否定するのではなく、「よりよくするため」というのがポイントです。

　また、1つでは単なるひらめきの場合もありますが、2つとなるとそこから視点をずらして考えなくてはなりませんから、多面的に見る視点の育成につながります。ただ、3つとなると「よかったというけれど、不満に感じていることがあるのかな」と疑心暗鬼を生じさせてしまうことにもなりかねません。

　1人では2つの案しか出てきませんが、4人に指示を出せば8つ、6人なら12の改善案が出てきます。出されたプランは当然重なりもあるでしょうが、改善策として検討する価値のあるものを検討し、次年度計画に反映するように働きかけていくことが必要です。前向きな改善案を作成しているときには教員の目も輝き、意欲的に進めることができるでしょう。

事前の情報提供をする

　指示を出し、改善策が報告されてきている段階で、その実施計画の担当主任には「こんなことを考えているけれど、どう考えるかな」など耳打ちをしておき、実施計画に盛り込むための下準備を進めます。

　良好な結果であったものについて改善策を考えるわけですから、担当主任としては「うまくいったものを何でまた考えなくてはならないのか」と思う場合もあります。「こ

うしたらもっとよくなる」「こんなメリットがある」など、事前の情報提供を通して、担当主任の指導・育成の機会としていくことが重要です。そして、「よりよい提案を自分で作成した」と自信をもたせることにつなげていきます。

5-8 課題のある実施計画の改善点を3つ考えさせる

教員組織で考えさせる

　進行に問題があった、準備が十分ではなかった、想定外の問題が起きたなど、さまざまな理由で改善すべきものもあります。このままの実施計画で次年度も進めれば、同じ失敗につながってしまいますから、対策を立てていかなければなりません。

　管理職として問題点が見えているときに、担当者にその点を指摘して改善案を作成させるのか、教員組織で検討させるのか迷うこともあります。実施計画そのものに不備があるときには即時に改善策を考えなくてはなりませんが、複合的な要因である場合には、教員組織で検討させることがミドルリーダーの育成につながります。

力量に応じたアドバイスをする

　改善策を考えさせるポイントは、「○○については参観者からの肯定的な評価が少ないので、その原因を考えて、改善策を3つあげてくれないかな」など、原因を明確にし

たうえで、改善策を3つ提案してもらうことです。

　原因はすぐに指摘できるでしょうが、その改善策として3つのプランを考えることは簡単ではありません。ミドルリーダーの力量にもよりますので、「原因を考えて改善策をあげてほしい」と依頼して、改善策が出た段階で「それについては私も考えたんだ。もっと別な視点からのアプローチはないかな」など、視点を変えるアドバイスをしてもよいでしょう。

　このようにして、最終的に3つの改善策をあげるまでねばるという方法もあります。担当主任や他の主任などのミドルリーダーが1人で悩んでいるようであれば、「○○部で検討してみてくれないかな」など組織を巻き込む働きかけも必要です。

　1人で悩みを解決する力も必要ですが、組織を活用するためにいろいろ働きかけたり、他の教員の意見を集約したりする力も育てておかなくてはなりません。ミドルリーダーとしての資質向上に資する働きかけが必要です。

5-9 「報告・連絡・相談」を確実に行わせる

常に「報・連・相」を意識させる

　ある程度仕事ができるようになると、自分のペースで進められるようになり、順調にいけばいくほど「報・連・相」が遅くなることがあります。

　「報・連・相」は問題が生じたときに頻繁に行うもので

はなく、順調なときほど必要だと伝えることが重要です。一般企業では、「業務報告」「定時報告」は当たり前のように行われますが、学校という組織は「業務報告」「定時報告」が抜けがちです。

進捗状況の報告は「業務報告」であることを意識させる

適切に教育課程を管理するためには、順調に進んでいるかどうかの報告こそが大事だということを理解させ、ミドルリーダーが若手教員等の情報を収集し、その報告を行うように仕向ける必要があります。OJTを推進するうえでも、進捗状況の報告は「業務報告」であることを意識させ、教頭・副校長として、教育課程の管理を行うための情報収集をしっかりとするように働きかけていきましょう。

「報・連・相」はその教員の主体性を縛るものではなく、主体性を高めていくために重要であることを意識することが必要です。

4 若手教員を育てる

5-10 前週中に週案の内容を確認する

提出の際に指導をする

週の指導計画（週案）は、計画的な指導を行ううえで欠

かせません。ですから、週案の作成は早め早めに行わせることが必要です。若手教員のなかには「授業の進度が固まらないから、先のことを見通して書くことがむずかしい」などの理由で週案の作成が遅れがちになる方がいますが、「案」だからこそ先を見通して計画的に進め、必要な点は順次修正していくという意識づけが重要になります。

　学校によって提出の時期はいろいろでしょうが、若手教員については提出時期の前に内容を確認することで指導の機会を確保することが必要です。教科名、単元名、計画時数中の何時間目か、ねらい、評価、準備物など、週案に記載すべき内容はたくさんあります。

　また、その前の週の指導の記録も書かれていることが重要です。これは、今後指導や対応を振り返るための重要な資料となります。週案という形式にこだわらなければ、指導資料としての指導計画ノートを作成させ、それによって内容を確認し、週案そのものは行事予定の変更などと併せて清書という形で完成させることもできます。

授業のポイントを説明させてみる

　重要なことは、指導書を丸写しして計画を立てたと安心させないことです。単に書いただけでは内容が具体的になっていないため、発問や板書などが場当たり的になってしまい、実際の指導場面ではあまり役に立たない情報となってしまいます。

　週案のどこか1コマを取り出し、「この時間の中心とな

る発問は？」「そのとき子どもはどんな反応をするかな？」「どんな板書にする予定？」など授業のポイントとなることを説明させてみましょう。具体的な答えが返ってくるならば教材研究はしっかりできている証左ですし、あいまいならば十分に検討された計画ではないことがわかります。

指導経験が少なく指導力の未熟な教員が、間に合わせの計画で指導をしていくのでは、内容の充実した授業を進行することは想像できません。授業のぶれが締まりのない指導になり、それが授業の荒れや学級の崩れにつながっていくという可能性も秘めています。

学級崩壊を未然に防ぐためにも、週案の確認を習慣化していくとよいでしょう。

5-11 文書による情報提供はマーカーを引いて渡す

情報整理のポイントを伝える

教頭・副校長として教職員にさまざまな情報を伝えていくために、紙面を利用することも多くあります。自分がつくった文書のときもあれば、新聞記事や雑誌の記事、教育委員会からの文書の場合もあります。

「この人は文書を見落とすことが多い」「この人は文書を見るのを後回しにしがちだ」など特徴をつかんだら、その人に渡す文書には題名の一部やポイントとなる単語にマーカーを引くと、その文書に注目させることができます。手間はかかりますが、見落としを防ぐためには必要な手段と

なります。

　注目させることが目的ですから、必要なところすべてにマーカーを引かなくても、一部の単語でよいのです。提出期限が設定されているものならば、その期限の日時に着目させることもありますし、「提出期限」という部分にだけマークしてもかまいません。「重要な文書ですよ」ということを示すことが重要です。

　もちろん、いつまでもこれを継続していては、その教員の文書を読む力も対応能力も向上していきませんから、順次減らしていくようにしましょう。

5-12 毎日必ず報告させる

🔖 毎日の報告を重視する

　教頭・副校長の職務は激務です。教職員・教育委員会・保護者・地域・関係機関等との多くの対応がありますし、文書による報告が1件もない日は考えられません。

　そのようななかで若手教員への対応もしなくてはなりませんが、要点をかいつまんだ報告が最初からスムーズにできる若手教員は多くはないですから、報告を聞くだけでも多くの時間をとられることになります。

　しかし、報告の仕方は一種の訓練です。繰り返し何度も行うことで、どのような情報を伝えたらよいかを考え、情報を取捨選択できるようになってきます。そのためにも、毎日その日のことを報告させるようにしながら、報告の仕

方を指導していくのです。

報告の方法を指導する

　授業でうまくいったこと、うまくできなかったこと、児童・生徒へ指導したこと、指導の効果や見取り、保護者対応、教職員との関係など報告すべき内容は多岐にわたります。そのなかで、よかったこと1点、改善が必要なこと1点に絞って報告させるなど、報告する観点を絞らせるとともに、聞く側としても時間短縮を図る工夫が必要です。

　報告を聞いた際には、指導すべき内容は指導しなくてはなりませんが、報告の内容について「この部分の説明はもっと簡潔でよい。この部分はもっとくわしくしたほうがよい」などと伝えていくことも必要です。

学年内の情報共有を求める

　ともすると、教頭・副校長への報告が優先されてしまい、学年主任に必要な内容が報告されていないこともありますから、「このことは〇〇先生（学年主任）には伝えてあるね」と確認することも重要です。

　自分→主任→（主幹教諭→）教頭・副校長→校長という組織のなかでの標準的な報告の流れを確認しなければ、何でも主任を飛び越えて教頭・副校長に相談するという癖が身についてしまうことにも留意しながら、報告を聞くようにしましょう。このような報告を通して指導・育成していくという意識を、管理職としてもっている必要があります。

5 若手教員の指導力を向上させる

5-13 指導担当教員からの「報・連・相」を徹底する

「報・連・相」の仕組みを構築する

　新規採用3年目までの若手教員といわれる時期には、公的な研修が組まれています。公的な研修を進めていくには、指導担当教員の指導や、研修の進行管理が欠かせません。経験の少ない教員が自己管理をしても、目の前のことに追われてしまって、広い視野での研修にならなくなることがあるからです。

　主幹教諭・指導教諭などの指導・育成を職責にもつ教員が、指導担当教員としてその責に当たることが多いでしょう。しかし、近年の教員のアンバランスな年齢構成の状況や、校内での学年の人員配置などのさまざまな事情で、主幹教諭や指導教諭でなくとも、ある程度経験のある教諭が、その責に当たることもあります。

　若手教員を現在の職場の貴重な戦力として育成することは重要な課題です。その成果は、学校の教育力向上につながっていきます。そのためには、経験が少なく日々の指導に困り感をもった状態から、ある程度任せても大丈夫という状態にまで育成していかなければなりません。昔ながら

の「見て覚える」「指導のコツを盗みとる」ではなく、計画的に何を学ばせるかを明らかにすることが大切です。

ある程度ベテランの、指導・育成について経験豊富な教員であれば任せられますが、指導者側がそこまで育っていない場合には、管理職が適切な「報・連・相」の仕組みを構築することが、学校づくりにおいて重要です。

指導状況を進行管理する

指導する教員にも担当する学級や教科の指導があり、日々忙しくしています。若手教員の指導を後回しにするつもりはなくとも、実際の指導は遅れてしまうということもよくあります。

だからこそ、どんな授業や研修がどの程度進んでいるのか、現在までの成果は何かなどを定期的に「報・連・相」により確認する必要があるのです。教頭・副校長には、若手教員の指導・育成にかかわる研修を進行管理する指導担当教員の「指導状況を進行管理」していくことが求められます。公的な研修の報告は提出期限が決まっていますが、それに合わせて進行管理をするのではなく、もっと短いスパンでの進行管理が必要になります。

5-14 日常の授業観察をする

現状に応じた指導を具体的に行う

自分が子ども時代に受けてきた教育を、そのまま現在の

学校現場に適用しようとする教員はいないと思いますが、特別な支援を要する児童・生徒や外国籍の児童・生徒が増えてきている現状では、その学級や一人ひとりの児童・生徒に合わせた教育活動を進める必要性が高まっています。そのためには、旧来の知識だけではなく、新しい指導についても認識を深める必要があります。

　若手教員がどのような指導をしているのかを管理職による授業観察を通して確認し、必要な指導をすることが求められます。新しいことにチャレンジしていても、1時間の指導のなかで整合性がとれていなければ、効果的な学習にはなりません。

　授業観察後の指導のなかで、「導入の○○と関連させながら△△をするとよい」「□□を押さえてから◇◇をすると効果的」など具体的な授業場面を通して指導していくことで、研修で学んだことを実際の授業に生かすことができます。

　さまざまな観点によるOJTは指導担当教員から行われており、その進み具合も報告されているでしょう。しかし、授業に関して指導担当教員の見方のみで指導を行うのではなく、多面的に授業を分析し、指導することによる効果を実感させていかなければなりません。

授業観察の視点を明確にして実施する

　管理職の授業観察と指導は、若手教員を伸ばしていくために行う必要があります。定期的に1単位時間の授業を観

察することはむずかしいこともありますが、「今日は導入を見よう」「終末を見よう」「板書を確認しよう」「個別指導の仕方を確認しよう」など、視点をもって参観を行うことで、より効果的な指導になることもあります。

「不適切な点を修正させる」ことを目的とするのではなく、「よいところを褒め、伸ばしていく」ことを目的として授業観察をし、併せて新しい情報を提供することが、授業観察の効果を上げるとともに、長続きをさせていくコツでもあります。

5-15 健康管理に配慮する

日常の行動を詳細に見る

「体力にだけは自信があります」と豪語する若手教員は多数います。確かに活動的で、何にでもチャレンジする姿がよく見られます。しかしその姿は、効率的な方法を知らないためにがむしゃらに取り組んでいるという面の表れでもあります。体力面でも精神面でも、すべてに全力であるということは、危険性をはらんでいるということを管理職として認識して対応する必要があります。

何かの前兆があれば配慮できることもありますが、「先週まであれだけ元気だったのに、どうして急に」というように、体調を崩す若手教員もいるのです。ときには、本人も自覚がないまま無理をしていたことが体調不良につながることもあります。

5章　教員を育てる

　教員が一人欠けると、学校運営には大きな支障が出ます。欠けた分の自習監督、補助授業、時間講師の手配、分掌の再構築など、管理職としての仕事が日常の倍以上になります。児童・生徒や保護者への対応にも配慮が必要です。本人の自覚のみに頼るのではなく、日常の行動を見て、日頃からの頻繁な声かけを行っていくことも重要な視点です。

6 ベテラン教員のやる気を引き出す

5-16 評価をふまえた声かけをする

褒めることの意味を考える

　教職経験の豊かなベテラン教員に対しては、若手教員のように「とりあえずよいところを見つけて褒める」だけでは意欲の向上につながらない場合があります。それは、これまでさまざまな人生経験をしている分、「褒められること＝自分が認められていること」という図式でとらえるのではなく、「何か裏があるのではないか」と認識することがあることによるものです。自分自身も若手教員を育成しているなかで、不本意ながらも「褒めることで何とかしよう」としてきた多くの経験に裏打ちされています。

　しかし、できていないことをそのまま指摘するのでは、相手が「自分は認められていない」「自分のことを正しく

評価してくれていない」と考え、良好な人間関係が構築できず、非協力的な関係にもつながりかねません。

また、ベテラン教員はこれまで自分がやってきた方法に自負がありますから、なかなか自分のやり方を変えようとせず、管理職として求めている方策に対しても「しかし……」というように、一つのやり方や考え方に固執してしまうこともあります。

「見ていること」が伝わる声かけをする

ベテラン教員のモチベーションをあげる関わりをするためには、自分のしていることが管理職にどのように評価されているのかについて伝えていくことが必要です。

そこで、「○○という提案で△△のような効果が見られた」「○○に△△の助言をしてくれたので□□のようになった」と、効果があったことを具体的に伝えたり、「○○という提案をしてくれたが、実際には△△のほうがよかった」「○○に△△という助言をしてくれたが、今一歩だったので、別の助言を考えてほしい」と伝えたりするなど、プラス面でもマイナス面でも、その人の職務に関することに限定して伝えることが必要です。これは改まった場だけではなく、通りがかりの立ち話の際にも同じです。

「自分を使い走りにしようとするのではないか」という疑念を抱かせるのではなく、「きちんとあなたの職務を見て評価しているのだ」ということを伝えることで、その職務に関しての責任感を高め、次につながるやる気を育てる

ことができます。

たとえマイナスの情報であっても、きちんとした意図をもって伝えていけばやる気を削ぐことに直結しません。おざなりな声かけをするのではなく、その人をきちんと見ているのだということが伝わる声かけが重要です。

5-17 解決すべき課題を提示する

経験を生かす声かけをする

さまざまな経験をしてきているベテラン教員ですから、学校の課題への対応も直接的に、あるいは間接的に経験してきています。その経験を生かしていくことが、ベテラン教員のやる気を引き出す手段となります。立地や職員構成等、学校環境は違うので、これまでの経験がそのまま使えることは少ないでしょうが、何かしらの役に立つと考えられます。

現状の学校課題のなかで、ベテラン教員の職務経験や人生経験から得られるアドバイスにより解決が可能なものなどについては、積極的にその解決のための方策立案を働きかける習慣をもつことも必要です。「頼みづらい」とぼやくよりも「積極的に協力を求める」ことをめざしたほうが、管理職の精神衛生上もよいように思います。

改善策をやりがいにつなげる

たとえば職員の環境づくりに課題があるならば「○○先

生、最近廊下や教室の掲示がうまくいっていないように感じるけれど先生はどう感じていますか。何か改善する方法を提案していただけますか」など職務上必要なことで、その教員にも関わりがある課題を提示し、解決策の立案を求めることは、自分が役立っていると思えるようにするための手段として有効ですし、その提案を考えることで、学校全体に目を向けてもらうことができます。

　教員は、言葉による指示のみに終始するのではなく、具体的な対応策を考えることでやりがいを見出し、その成果を具体的な形で確認することができます。上手にモチベーションをあげていくための対応を考えていきましょう。

5-18 若手教員を活用する

若手教員に助言・指示をする場をつくる

　若手教員のなかには、自分の課題について解決策が見つからず右往左往していたり、むやみやたらに動き、解決に至る道筋を見つけられないでいたりする教員がいます。「指示待ち」という言葉がぴったりくるような、自分自身で解決策を見出す力が弱く、指針や指示がなければ動くことができない若手教員もいますし、時として思考する部分を丸投げという状態になってしまう若手教員もいます。

　そのような若手教員に対して、ベテラン教員から助言や指示をする場面をつくって、ベテラン教員の経験を生かすようにすることも必要なことがあります。一家言あるから

こそ、自分の影響力を実感したいわけですから、その力を使わない手はありません。

若手教員からの働きかけを活用する

もちろん強い影響力を示されすぎても困るので、調整していく必要はあります。そのためには、「○○先生に△△について教えてもらってくるといいよ」「○○先生に□□のことを相談してごらん」など、若手教員に具体的に行動を指示し、若手教員からベテラン教員へのアクションを起こさせ、その進行の管理を管理職の習慣とすることです。

若手教員へは、「教えてもらったら内容を報告して」「実際の計画を立てる前に、私に相談して」という指示をしておき、ベテラン教員から若手教員への助言・指示が学校運営上適切であるかどうかを確認していく必要があります。

若手教員に教えることを通してベテラン教員のやる気を引き出していくことが、その教員をさらに伸ばしていくことにつながりますし、若手教員のスキルアップにも役立ちます。

5-19 ベテラン教員を活用して学校文化の継承と改善を図る

「違和感」を改善のポイントにする

それぞれの学校には、その学校がこれまで受け継いできたさまざまなやり方があります。それを業務改善につなげ

ていくためには、ベテラン教員の感じている違和感を手がかりにすることも重要です。複数校での経験をふまえたうえで感じている違和感ですから、そこに改善のポイントが秘められていることもあります。

「今感じている違和感をどうしたら改善できるのか提案してほしい」などの投げかけで、ベテラン教員のやる気を高めつつ、業務改善ポイントや方策を見つけるようにすることも必要でしょう。実行できるかどうかの判断は管理職が行うことも忘れずに付け加えておくことも必要です。

7 教職員を指導する

5-20 全体にかかわる指導はゆっくりと確実に行う

全体への指導のあり方を考える

教頭・副校長は教職員の直接の上司であり、職務にかかわる指示はその言い方や示し方にかかわらず職務命令となります。教頭・副校長から指示された職務の実施は期限までに確実に行う必要があるわけですが、職務命令とは認識しておらず、必然性を感じていない教職員もいます。「職務命令とは言っていなかった」「してくださいと言っていない」などの苦情を言ってくる教職員もいるほどです。

学校全体にかかわる指導は、全体の前で「ゆっくり」と

伝えることが重要です。必要ならば文書にして配付し、それをもとに話します。

確実に伝える方法を考える

個人情報の流出、体罰、暴言、人権侵害、不適切な会計処理など服務事故につながること、いじめ対応など児童・生徒の指導にかかわること、保護者との対応で共通認識しておくことなど、全体にかかわる指導事項は多岐にわたりますが、それらは「確実に」伝えましょう。出張等で不在の教員への伝達の方法にまで考慮する必要があります。「後で確認したら聞いていなかった」というのは、指導が届いていないということです。

主任会等で周知したとしても、「学年主任に伝えたから全体にも伝わっているはず」と考えるのではなく、伝えたことを報告させるなどの工夫も必要です。

指示の記録をしっかりとつくる

指示の記録をとり、「○月○日○時○分、□□において△△を指示。その後○年、学年主任から学年への伝達終了との報告をもらう」という記録を残すことも大切です。議題メモに指示内容を残すことで、確実性を高めるのもよいでしょう。

重要なのは、どのような言い方であるにせよ、教頭・副校長が「自分の発した指示は職務命令に該当する」という認識をもち、それがどのような学校づくりにつながるかを

考えていることです。そして、指示後はそれが確実に実施されているかを点検することが必要です。

5-21 個々の教員への指導は個別に行う

性格や経験に合わせた指導をする

　同じ指導をしても、教員によってその理解は千差万別です。たとえば、「児童・生徒への厳しい指導はいけません」という指導をしても、「厳しい指導」の理解が個々の教員によって違うため、学校として統一した指導にならないことがあります。これは、指導歴、性格などが反映された「この程度までは適切な指導の範囲」という基準が違っているためです。

　「厳しい指導」の基準がずれている教員には、個別指導での具体性が重要です。具体例で基準のずれを修正していくには時間がかかりますし、一度の指導ですぐにその基準が修正されることは少ないので、じっくりと時間をかけていく必要があります。

　また、経験不足で指導力が高まっていない教員は、管理職からの指導の効果は出やすいですが、ある程度経験のある教員は自分のやり方にこだわろうとすることが多く、なかなか指導の効果が表れない傾向にあります。その教員がどのような経験をもち、どのような指導場面が効果的かを考えることも大切です。

5章 教員を育てる

組織を活用して指導する

個々の教員への指導を管理職のみが行うのは、「学校づくり」において好ましい方法とはいえません。学校の組織を活用した個々の教員への指導というOJTこそ有効です。

児童・生徒への指導が不適切ならば、OJT担当者に指導場面に同席してもらい一緒に指導することで、どのような指導が適切なのかを具体例で理解させることができますし、保護者対応が十分でないならば、面談の場に同席してもらうことで対応方法を学ぶ機会とすることができます。

「職務命令」であることを意識させる

事前の打ち合わせで確認だけして、実践はその教員に任せきりにするということにならないよう、必要なことはしっかりと指示することが教頭・副校長の大切な職務です。学習指導が十分にできていないのならば、OJT担当者の授業を参観させたり、OJT担当者が当該教員の授業を参観したりして指導する場をつくることも重要です。忙しいことを理由に参観や指導から逃れようとする教員への指示こそ、職務命令だと認識させる必要があります。

教頭・副校長からの指示が職務命令だと認識していない場合に、「これは先生の仕事です。やってください」と強い口調で伝えることで、指導にメリハリがついてよい効果を生むこともあります。

5-22 教員以外の学校職員を指導する

進行管理表を作成する

　学校は児童・生徒に直接指導する教員と、学校環境の整備に関わる学校職員とで役割分担し、協力して職務遂行をしていく職場ですから、よりよい学校をめざして、教職員一人ひとりが前向きにならなくてはなりません。

　そのようななかで、職務範囲のことはやっているものの効率的でなかったり、期限が先延ばしされてしまい、指導場面に影響があったりするというのでは困ります。教頭・副校長は職員の職務の遂行状況を進行管理する必要がありますし、その指導も重要です。

　教員以外の職員の職務範囲は明確ですから、進行管理表を作成し、それができているかどうかを週に一度は点検する必要があります。そして、できているならば感謝し、できていなければ理由を確認し、新たな期限を設定して激励したりして、仕事の成果への評価を伝えましょう。

　できたことを感謝されること、次の目標に向けて激励されることは、前向きな心情の育成につながり、最終的にはよい学校づくりの一助になります。

6章

子ども・保護者・地域と関わる

1 児童・生徒の状況をつかむ

6-1 家庭環境を把握し、適切に対応する

家庭環境を考慮した指導を指示する

　児童・生徒の学校での行動の根幹は、家庭環境に左右されることが多いものです。何事にもおっとりとした行動をする子や、キビキビと行動する子の保護者と面談をしたら、その子の行動が納得できたと話す教員も多くいます。

　担任には、個人面談時の何気ない会話のなかから得られた情報を記録して集積したり、児童・生徒との会話のなかから有益な情報を得て記録したりするなどの細かい作業を指示することも重要です。

　得られた情報は高度な個人情報を含んでいますから、記録は職員室内の鍵のかかる金庫等で管理し、内容については学校外では話題にしないなどの配慮も教員に指導する必要があります。保護者との信頼関係の根幹をなす情報ですので、取り扱いには十分な配慮が必要です。

　一般的・普遍的な指導では、児童・生徒の心に響かないことがあります。そして、その子の家庭環境に配慮した対応をすることで、指導が効果的になることもあります。「あの子は○○という事情を抱えているので△△の対応をしたら、忘れ物をしなくなった」という教員間の会話はよ

く聞かれるものです。

「一斉に同じ指導をして、それができないから注意され、自己肯定感が下がる」という悪循環を断ち切らなければ、改善には向かいません。一斉に同じ指導をしても、その後個別にその子に合った指導をつけ加えるなどの対応が必要になることも、校内の打ち合わせや研修等を活用して周知していきましょう。

重要なことは、全員に同じように同じことをさせるという単純な指導観から脱却させ、家庭環境をしっかり把握したうえでその子にとって望ましい対応をするということです。その子に合った指導をしていないために保護者からの信頼を得られない、その子ができないことを家庭の責任に転嫁し保護者との溝が深まる、などということを減らすことが学校づくりでは重要な視点であり、その視点に立って教職員と関わっていくことが必要です。

6-2 特別支援教育の推進を図る

● 実態に応じた指導を進める

最近では「特別支援教育」という言葉が教育の世界だけでなく社会一般でも認知され、保護者との相談も以前よりは容易になってきてはいますが、自分の子どもに関して特別支援教育にかかわる話題が出ることに、拒否反応を示す保護者もまだまだ多く見られます。

本来であれば、その子の特性についての情報を保護者と

共有し、その子により合った教育環境を整えることが必要ですが、その段階にまでいくには長い時間がかかるのが現状です。

　特別支援教育に関しての理解が進み、さまざまな研修会を通して教員の理解も深まってきています。しかし、特別支援教育にかかわる情報は日々更新されており、以前獲得した知識では十分でないのが現状です。

　以前は「アスペルガー症候群ではないか」という情報で共有していた児童・生徒の実態が、「自閉症スペクトラム」という新しい概念に包括され、その面での実態分析が必要になることや、「ADHDを併発している」「2次障害として反抗挑戦性障害が見られる」など、より子どもの実態を詳細に見取って情報共有をしていく必要があります。

教職員・保護者の正しい理解の促進を図る

　また、発達障害に関する不十分な知識理解によって、適切な指導ができていないにもかかわらず、「あの子は発達障害ではないか」と誤った判断をしてしまい、指導側の困り感が強調されてしまうこともあります。

　学校づくりで大切なのは、児童・生徒、教員、保護者それぞれにとって満足感の高い環境をつくりあげることです。そのために、教員の知識理解や経験が不十分であるならば、研修の場を設定することが必要です。保護者の理解が不十分ならば、保護者会や学校公開時にスクールカウンセラーや児童心理の専門家による研修会を設定するなどの工夫が

6章　子ども・保護者・地域と関わる

必要です。

すべての子どもたちが安心して学べる環境をつくるために、特別支援教育推進の働きかけが教頭・副校長に求められています。

6-3 児童・生徒と関わる

自分の目で実態を確認する

教頭・副校長の職にあると、日常的な学校巡回を通して担任が見ていない児童・生徒の様子を目にすることができます。授業観察などの際の教室内での児童・生徒の様子とは違った別の面を見ることができます。

また、スクールカウンセラーや用務担当者などから寄せられた情報をもとに、教室外での子どもの状況を把握することもできます。担任にとっては自学級の子どもとの一対一の関係からの情報でも、複数の視点からの情報を複合的にとらえていくなかで新たな気づきが得られることもあります。

担任を飛び越え、教頭・副校長として積極的に指導に関わるのは特別な場合ですが、日常的な情報収集としてさまざまな機会をとらえて児童・生徒の様子を見て、関わりを深めるようにしていきましょう。

「百聞は一見にしかず」ともいいます。まずは自分の目で多くの情報を集めようとする姿勢も学校づくりでは大切です。

1　児童・生徒の状況をつかむ

2 保護者とつながる

6-4 全体に向けた情報発信を工夫する

🍃 早めの情報提供が保護者からの信頼獲得の近道

教育活動を進めていくうえでは、保護者の協力が欠かせません。どんなにすばらしい内容の教育活動であっても、その価値を理解してもらえていないとその効果は半減してしまいます。学校からの情報発信をどのようにしていくかをマネジメントすることも、教頭・副校長が学校づくりを進めていく大切な視点となります。

保護者は学校からの情報提供を待っていますし、多くの情報を知りたがっています。確定した情報ではなくても、事前に可能な範囲で伝えていくことによって協力体制が確立できたり、適切な行事運営ができたり、問題点の解決に向けた取り組みが進んだりすることもあります。

また、後から知るよりも、すぐに知るほうがよりよい関係性を生み出すことにつながることが多いものです。そして、それらの積み重ねが、学校と保護者とのよりよい関係につながり、学校づくりに役立つのです。

🍃 情報発信のタイミングを考える

近年はICT機器の活用が進み、以前であれば印刷物の

配布で行われていたものが、最近ではメールシステムやセキュリティに配慮したWebシステムで情報の伝達が行われてきています。保護者にとっては、子どもに「学校からの手紙はないの？」と確認をしなくてもすみますし、子どもが手紙を渡し忘れたということもなくなりますので、利便性が増しているようです。

　学校から情報発信をする際にはさまざまな場合を想定し、「①緊急度」「②必要度」「③優先度」などを精査して伝えていく必要があります。メールシステム等を活用することは学校にとっても利便性が高いですが、五月雨式に情報発信をしても、内容を読んでくれなくなります。定期発信と随時発信の違いを明確にして情報発信をしていくことが重要であり、情報発信の仕方を教頭・副校長がマネジメントしていくことが必要になります。

重要度に応じて伝え方を工夫する

　教育委員会、首長部局、その他多くの機関から、ほとんど無制限といってもよいような情報（多くはパンフレットのようなものですが）を、保護者に配布するように依頼があります。その内容の精査は教頭・副校長がすることが多いと思いますが、「配らない」という選択を検討することも一つの方法です。「全く無視した状態ですぐにリサイクルボックスへ」というわけにもいきませんから、玄関に机を置き、そこに「必要な方はお持ちください」と表示して、情報の受け取りを相手に任せるということも可能です。

一方で、提出が必要など重要な書類について、「4日後が締め切りの文書を配付したが、保護者がそれを見たのは締め切り日の夜だった」というのでは困りますし、見なかった保護者が悪いと責任転嫁をするのは適切ではありません。さまざまな家庭状況があることをふまえて、重要な情報は伝え方の工夫をすることが必要です。

　「右上に太い油性ペンで赤と青の印をつける」など、重要度等の高い文書の配付時のルールを年度当初に保護者にも子どもにも周知し、子どもに「右上に赤と青の印がついたプリントは必ずその日のうちに保護者に渡すこと。渡すときにはプリントの一番上に乗せて渡すこと」などを徹底すると、「必要なことは確実に伝わるように工夫してくれている」と保護者からの信頼感が増すことにつながります。

　一手間は増えますが、印刷担当者が印刷後の紙の束を机の上に置き、一気に油性ペンで縦に太く線を引けばすむことですから、かける手間よりも効果のほうが高い手法です。これは、多用しては効果が半減するので、どの文書に印をつけるのかを精査していくことが必要です。

6-5 個別の情報発信に配慮する

個別の情報は「至急」が大切

　近年のSNSによる保護者間の情報共有量は、膨大なものであるといわれています。何か問題があると、不確定な噂話がさも確実な情報のように拡散され、学校がその対応

に追われてしまうということも少なくありません。SNSによる情報は一方的な情報発信とそれに対する同意が中心となっており、内容を精査する場としての機能を有していないといっても過言ではありません。そのような状況をふまえて、個にかかわる情報はできるだけ早く当事者である保護者に伝えるようにすることが重要です。

　けがなどで学校から通院させた場合や、帰宅後通院を要する状況の場合、けんかなどにより相手方がけがをした場合などは、児童・生徒が帰宅する前に保護者に状況を伝えることが重要です。

　日常の状況を最も把握している担任が連絡の窓口となることが多いですが、放課後しばらくして確認すると、「下校させたのでこれから電話しようと思っていました」という回答が返ってくることもあります。場合によっては養護教諭や学年主任、生徒指導主任、教頭・副校長が第一報を伝えておき、「詳細は後ほど担任より伝えます」とすることも必要です。

　必要に応じて連絡票を整備して「第一報で伝えるべき内容、伝達者、伝達日時」などを記録しておくと、立場の違う教員が同じ内容を何度も保護者に伝えなくてもすむという利点もあります。

　素早い情報提供は、保護者に自分の子どものことをよく考えてくれていると思ってもらえ、信頼関係を培うための大切な要素にもなります。後から情報提供されても、「結局後回しになったのね」と思われてしまいますが、なるべ

く早く情報提供をすることで「うちの子どものことをこんなに心配してくれていたのね」というよい感情を生み出し、その後の関係がよくなることが多いものです。

高度な個人情報には十分配慮する

特別な支援を要する児童・生徒に関する情報は、高度な個人情報を含む内容ではありますが、保護者と確実に情報共有をしていかなくてはなりません。保護者によっては、自分の子どもが特別な支援が必要であるといわれたと、マイナスの感情で受け取ってしまうこともあります。

いつどのような情報を伝えていくのか、どのような段階を踏むのかなどを、担任任せではなく、校内委員会などの組織として対応するようにし、必要な支援が確実に受けられるように体制をつくる必要があります。校内委員会は、特別支援教育コーディネーターを中心に運営されていきますが、教頭・副校長としてよりよい特別支援教育が推進できるように積極的に関わっていきましょう。

「事後報告ではなく事前相談」ということを特別支援教育コーディネーターに伝え、意図的な運営ができるようにしていくことが学校づくりでは大切です。

6-6 日常から挨拶と声かけをする

保護者の様子にあわせた声かけを積極的にする

PTA活動で来校する場合には目的も明確ですから、「お

仕事進んでいますね」などの前向きな声かけで活動ぶりを評価し、「何かお手伝いすることはありますか」という言葉で関心をもっていることが伝えられます。

子どものことが心配で学校に来ている様子が感じ取れたら、「お子さんはいかがですか」「何かお困りですか」などの声かけをして、保護者からの情報を引き出していきましょう。

必要な役割以外で保護者が学校に来たときは、何か問題を内包しているということを想定して対応するためにも、進んで声かけをしていく習慣が重要となります。

声かけをするということは、学校がその保護者のことを意識しているということの意思表示であり、保護者との関わりを増やすことにもなります。時間が経って対応がむずかしくなった段階で、保護者から「実は……」と聞くよりも、積極的に関わっていくことで早め早めの対応ができるようになります。

保護者の話をしっかり聞き、情報をフィードバックする

声かけをした後は情報収集が中心となるので、保護者の話をしっかりと聞くことです。学校側の立場を説明して説得することよりも、困っていることを出してもらうことに主眼を置いた対応が重要です。

話の進み方によって回答を求められても、「お話を承りました。情報提供ありがとうございました」と、まずはその場を収め、実際に対応したときに「○○のようにしまし

た。その後の様子をご覧になり、お気づきのことをお知らせください」と、情報をフィードバックするようにしましょう。

　保護者がもやもやしたものを心に残しながら子どもを見ることは、学校への信頼関係を損なう要因になります。悪いところがより悪く見えてしまうからです。そうならないように積極的な声かけが重要です。

　そして、声かけのきっかけは挨拶です。日常から校内での挨拶を進んで行っていれば、「おはようございます、○○さん」「こんにちは、○○さん」という声かけから会話を進めることができます。

3　保護者・PTAとの関わりを改善する

6-7　PTAとの関わりを改善する

しっかりと情報交換をする

　PTAは学校の強力なサポーターです。さまざまな教育活動を進めていくうえで、欠かすことのできない組織ですが、平日に仕事をしている保護者が増え、運営のための会合が夜や土日に行われる機会も増加しています。その会合への参加要請があれば管理職として出ざるを得ない状況もありますから、その関わり方を改善していくことが必要に

6章　子ども・保護者・地域と関わる

なってきます。

　PTAの役員との事前打ち合わせをしっかりと行うなかで、PTAの要望を知り校内調整をすることや、学校側の予定をしっかりと伝えることで無駄なブッキング調整を省くこともできます。必要な情報を聞かれる前に出すという姿勢が、「学校側も協力してくれている」という意識をもってもらうことにつながります。

後任者にも配慮し、予定は無理に合わせない

　会合への参加要請があったときに無理な調整をしてまで出席するということは、減らす必要があります。自分はできても、次に着任した教頭・副校長は無理な調整ができないかもしれないという想像力を働かせることです。

　一度、「教頭・副校長は参加するもの」という道筋ができてしまうと、その後はPTAも「それが当たり前」という認識になります。つまり、自分の後任者の業務改善を阻害することになるのです。「前任者は必ず参加してくれていました」といわれると後任者が断るのはむずかしいものです。業務改善は、自分自身の業務改善という視点だけではなく、「職」としての業務改善を意識して行うことが必要です。

　また、事前打ち合わせの段階で会合の日程が示されたときには、手帳を繰りながら「すでに予定が入っています。調整をしますが参加できないときはごめんなさい。事前打ち合わせをしっかりしましょう」と正直に伝えることが必

要です。ただお断りをするのではなく、話せる範囲でその理由を伝えることも、理解を得るためには重要です。

6-8 保護者との関わりを改善する

無理のない時間設定が次につながる

　今、学校において児童・生徒への学習指導以外で最も時間をかけていることは、保護者対応といえるかもしれません。社会が変化し、保護者の考え方も多様化してきている時代にあって、旧態依然としたシステムでさまざまな教育活動を行っていこうとするところに無理が生じているともいえます。児童・生徒が家に帰れば保護者が常に出迎えてくれるという状況は、共働きでしかも核家族化の進行した現代では夢物語に近くなっています。

　保護者との連絡が勤務時間をはるかに過ぎた夜遅くになってしまうとか、保護者からの電話連絡が夜9時を過ぎていたり、週休日に「○○先生をお願いします」などの問い合わせがあったりという状況が当たり前のようになっている学校もあります。業務改善を行うには、関わり方の改善が必要です。教員や管理職の勤務に無理を強いることのない関わりの時間を考えていきましょう。

主訴をよく確認し、事実の積み重ねで説明する

　「うちの子が学校に行きたくないと言っている」との申し出があり、よく話を聞くと「先生が頭ごなしに怒るので

先生が怖いと言っている」という訴えなので、教員や学級の児童・生徒に状況を確認すると「○○さんは、授業中に筆箱から不要なものを出して遊んでいたり、他の子にちょっかいを出したりしているので、やめるように教師から指導された」という事実が浮かびあがってきたりすることがあります。保護者は、自分の子どもから聞いたことを事実のすべてと理解し、自分の子どもが学校に行きたくないと言うのは学校の対応が悪いせいだと考えているわけです。事実の積み重ねをしない状況で怒りの感情が高まり、何とかしようと躍起になる保護者の姿勢が見えてきます。

「運動会でうちの子が3位にされたが、本当は2位だった。きちんとビデオで判定すべき」「展覧会の作品が何を表現しているのかわからないので詳細な解説を出すべき」など、保護者が自分の視野や視点において感じたことで生まれる負の感情をそのまま学校にぶつけることも増えてきました。

「うちの子がけがをしたのに、学校からは何の連絡もない」という苦情も、実際には電話連絡をしても電話に出ないだけではなく留守電にもならないという状況であったり、夜遅くにしか電話が通じないためその時間まで担任が待っていたという状況であったりということもあります。

学校でできることは、事実の積み重ねです。さまざまな問い合わせに対して力を発揮するのは、一人の児童・生徒の視点で見た事実ではなく、複数の視点で見た事実です。客観的事実の積み重ねが、保護者を納得させる材料になり

ます。記録を重ねることは短期的には業務を増やしますが、中期的には無駄な対応時間を減らすことにつながります。

4 地域とつながる

6-9 学校行事で地域にアピールする

学校を知ってもらう方法を考える

地域の方に学校のことを知ってもらういちばんの機会は、学校行事です。運動会・体育祭、音楽会、学習発表会、文化祭など、学校には多くの学習の成果発表会があります。また、入学式や卒業式など日常とは違った子どもたちの側面を見ていただく機会もあります。

日頃からよく学校に来てくださる、目の肥えた方であるならば、その日の子どもの様子や作品などから日常の様子を想像してくださいますが、行事だけに来られる方は、その日の状況のみで学校を評価することになります。

地域の方の評価は、学校行事を内部のみで運営して自己満足に終わらせないためにも重要な視点ですが、その場だけの情報では、地域の方の見る視点は一面的にならざるを得ません。いかに事前情報を地域の方々に伝えていくかが課題となるのです。

学校からの情報発信には、学校通信、ホームページ、学

級通信、各種の便りなどがあります。保護者や在籍する児童・生徒の祖父母であればそれらの手段を使って情報発信をすればすみますが、そうでない場合には、なかなか意図した情報が伝わらないものです。

　そんなときに力を発揮するのが「口コミ」です。「まだきちんと決まったことではありませんが、事前にお伝えしたほうがよいと思いまして」と特別な情報提供をしているという形で伝えたり、「○○という取り組みをしていこうと思いますので、お知り合いの方にお伝えいただければ幸いです」などと伝えたりすることで、「行ってみようかな」「今度○○会の会合で伝えておこう」と行事への参加や、情報の広がりを期待することができます。

　教員に口コミの発信源を期待しても十分ではありません。管理職から伝えられる情報だからこそ、そこに価値を見出すという面もあります。足繁く通い情報提供をすることで、「学校は自分を大切にしてくれている」と感じてくれる方も多くいます。顔をつなぐことの効果により、よりよい学校づくりに向かいます。

6-10 地域の方の家まで足を運び要件を伝える

🌀 地域の重鎮を活用する

　学校を支える地域には、その地域に顔の利く重鎮が必ず存在します。この方を通せば多くのことがうまくいくが、事前に了解を得ないと対応がむずかしくなるという方です。

自治会長であったり、商店会の顔役であったり、青少年対策委員会のトップであったり、とくに役職はないものの地域に影響力のある方であったりと、どんな方であるかはその学校の立地している地域によってさまざまです。

　多くの地域が「自分たちの学校」という意識をもっていますから、地域の重鎮である方は、学校に協力的であることが多いです。しかし、それに甘んじているわけにはいきません。何かあったときはもちろんですが、普段から教頭・副校長として顔をつなぐ習慣をもつことが重要です。

こまめな関わりで学校への関心を高めてもらう

　学校からの配付物は郵送で、ということも多いですが、「近くに用事があったので寄ってみました」と、機会を見つけて家にうかがい、直接手渡しながら玄関先で雑談をすることも信頼を築く一歩です。家まで足を運ぶことで、自分が学校から大切にされていると感じてもらうことができます。

　学校行事のときなどは「今度○年生が△△に挑戦しています。□□が見所ですね」などの事前情報や、「▽▽がうまくいかず困っているようですが、本番での出来を期待していてください」と伝えていくなど、こまめに情報を伝えることで関心を高めてもらうことができますし、その方を起点として学校への関心を高め、協力体制を得ることができます。

　また、少々気むずかしい方でも何度も家まで足を運ぶこ

とで、気さくに打ち解けて相談に乗ってくれるようになることが多いものです。気むずかしい方であるからこそ、細かい関わりを欠かさず、伝えるべき情報を事前に伝えることが重要です。

「了解を得なければ、説得しなければ」と考えずに、気楽に相談に乗ってもらうというスタンスで、情報は忘れずに伝えるという構えが必要です。

6-11 地域の力を活用する

🔹地域の協力を得るための関係づくり

地域学習で校外の商店に出かけて学習することや、さまざまな学習を地域のボランティアの協力を得ながら進めていくことなども当たり前のように行われています。専門家としての知識を地域の方から学ぶ機会も今後増えていくことでしょう。

教室が学習の場となるためには、「教育の専門家としての教員が教える」ことから、「児童・生徒の学びの場をコーディネートしていく」ことへの変化が求められます。そのためには、外部の力を適切に活用していくことが必要です。

学校にはたくさんの講師を招聘するほどの予算は潤沢にはありませんから、おのずと地域の力を借りることになります。「○○の学習を進めるときには、△△さんにお願いしよう」と考えるためのデータベースづくりや、学校支援

地域本部のコーディネーターとの密な連絡も必要になります。

　参加された地域の方が満足し、また来てみようと思えるようにすることも大切なポイントです。お願いしただけで前日まで何の連絡もなかったということで気分を害されてしまうこともあります。教頭・副校長がいわばコーディネーターを統括する役割を果たさなければならないこともあるのです。今後につないでいくためにどのような配慮が必要かを常に考えることが必要です。

6-12 教職員を地域の行事に積極的に参加させる

地域行事に参加するメリットを伝える

　地域の重鎮の方々は「自分たちの学校」と思っていますから、「地域の行事」には、学校の教職員にも参加してほしいと願っています。「○○先生は通勤に1時間半もかかるから地域の行事には出られなくても仕方がない」「△△先生の地元でも同じような行事があるからここの行事には参加できない」と考える地域の方は少ないものです。

　それは、子どもの保護者も同じです。学校に行けば教職員がいるわけですから、みんなが一生懸命につくりあげていく地域行事で、教職員とも一緒に過ごしたいと思うわけです。

　地域行事は土日の開催が多く教育課程の内容ではありませんから、勤務として参加を強制するものではありません。

しかし、教職員の参加を期待している地域の方が多数いることを伝え、短時間でも積極的に参加してもらえるようにしたいものです。

地域行事に参加することで、地域のなかでの子どもの様子を知り、児童・生徒理解や学習に生かしていく情報を集め、児童・生徒との関わりを増やすことでより効果的な学級経営や授業展開が期待できます。時には生活指導上の新たな情報を得ることもできます。

自発的に参加しやすくなる声かけをする

また、「子どもたちが参加している会だから、行って応援してきたらどうかな」「今度授業で協力してくれる○○さんがいるから、挨拶して顔をつないでおいたほうがいいと思うよ」など、参加することで得られる今後のメリットを伝えることで、教職員に自発的に参加しようとする意識をもたせることもできます。

子どもたちの活動を実際に見ることで、次の日にそのことを話題にして声かけもできますし、外部指導講師として来ていただいた際には「○○のときには……」と話題をつなぐことができ、円滑な運営に役立ちます。

人とのつながりは、理詰めではなく情が優先します。「○○先生だから」と思っていただくことで円滑に進めることができたり、多少の無理が利いたりします。

地域行事の参加は、一部の教職員だけではなく、どの教職員にも声かけをしていくことが必要です。また、ミドル

リーダーの教員から「参加してみないか」「1年間に一度は出ようよ」と声かけをしてもらうことも効果的です。1年に一度ならなんとか参加できるという教職員もいるはずです。「誰かが出ているから、自分は参加しなくても……」という雰囲気をつくらないように配慮することが重要でしょう。

　先の長い話になるかもしれませんが、教員と地域の適切な関わりをつくるために気を配ることが、学校づくりにつながっていきます。

5　地域との関わりを改善する

6-13 コミュニティ・スクールを活用する

窓口を絞り込むメリット・デメリットを考えておく

　地域のさまざまな方との対応の際、どこか一つのところが窓口となっていれば教頭・副校長の業務の軽減も図れますが、実際にはそれぞれの団体が対応を求めてきますので、なかなか思うような業務軽減を図ることができないのが現状です。

　対応の窓口を絞り込むことは、そこに情報が集中しますので全体の情報把握がしやすくなる反面、絞り込まれた窓口役の負担が増加するとともに、情報の集約や伝達に時間

6章　子ども・保護者・地域と関わる

がかかってしまいます。適切な窓口のあり方を検討することも、教頭・副校長の業務改善という視点では必要です。

コミュニティ・スクールにはコーディネーターを活用

コミュニティ・スクール（学校運営協議会制度）の実施に窓口として学校側で大きく関わるのは教頭・副校長です。さまざまな対応が必要になってきますが、地域コーディネーターと協力してその運営に当たっていく必要があります。いろいろな方のいろいろな意見を集約しながら適切な舵取りをしていくことが重要です。いくつものエンジンを抱えた船のようなものですから、出力の方向、出力量などの調整をしていかなくてはなりません。必要に応じて事前に考えの聞き取りをしておくなど、意見の調整に向けた教頭・副校長の力量が試されるのです。

何とかなるようにコーディネーターに任せるのではなく、何とかするように細やかな関わりをしておくことで、後々にかける力を省くことができます

6-14 町会・自治会・商店会等との関わりを改善する

良好な関係構築が今後につながる

学校との関わりが深い組織として、町会や自治会・商店会等があります。地域行事を主催する組織でもありますから、児童・生徒の健全指導に大きく関わっています。

各町会・自治会・商店会等はそれぞれ独立した組織です

ので、誰かに伝言を頼むというわけにもいきません。手間はかかりますが、一つひとつ重要な組織であると考え丁寧に対応していくことが必要です。

手間を惜しんだ結果、不義理なことになってしまっては、その関係を修復するのに数倍の手間がかかります。今、構築されているよい関係を維持していくことも、今後の業務量を増やさないための業務改善といえます。

学校の実情を理解してもらう

町会・自治会・商店会等からの依頼事項のすべてによい返事をすることが重要ではありません。言下にお断りをするのでは礼を失しますが、ある程度正直に学校の実情を話し、「協力できるのはここまで」と伝えていく必要があります。腹を割って話せば意外と納得してくれることも多いものです。

その際には、「ここまで行うと、日常の教育活動に支障が出る」という視点で話をしましょう。いくら町会・自治会・商店会でも、児童・生徒にかかわりのないことまで学校に持ち込んでくることはありません。何をどこまでという見極めが、学校の業務改善につながっていきます。

6-15 スポーツ団体・文化団体との関わりを改善する

各種団体と公平・公正に関わる

子どもたちはいろいろな種類の地域のスポーツ団体や文

6章 子ども・保護者・地域と関わる

化団体に所属しています。その指導者はたいへん熱心に指導に当たっていて、学校との密接な関係を望んでいる場合も少なくありません。

学校施設を頻繁に利用していて、関係が密な場合もあるでしょう。しかし、ある特定の団体にのみ利便性を図っていたり、懇意にしていたりすると思われるのは好ましいことではありません。

暗黙の了解のようになっていることがあったら文字化しておき、別の団体にも同じように対応することが必要ですし、学校にかかわる重要なルールは団体の責任者に集まってもらって協議することも大切です。

このような取り組みを続けていくことが、業務改善につながるでしょう。

おわりに

　「楽しんで仕事をする」　私が仕事をしていくなかで心に留めていた言葉です。実際に実現できていたかといわれると心許ないですし、教員生活を振り返ってみてもなかなかそのように感じられる機会は少なかったようにも思いますが、常にそうでありたいと願っていました。

　職層ごとに、進めていく職務も違いますから、その職務によって「楽しむ」ために目標とすることは違います。「学校の要」といわれる教頭・副校長にとっての「楽しみ」は、学校を自分の掌のなかで動かしていくことになるでしょうか。それを実現していくためには、さまざまな配慮と努力が必要になりますから、日々の職務遂行の際には「大変」と感じることも多くなるでしょう。

　教頭・副校長は「学校運営」の専門職であり、その仕事をうまく回していくことは教頭・副校長としての醍醐味です。さまざまなことを考えつつ、各所の職務を適正に遂行するためには、自身の業務改善と健康管理が大切になります。

　業務改善は一人ではできませんから、さまざまな方との軋轢を生むことがあります。無理をしすぎて体調を壊してしまっては、何にもなりません。自分自身のよりよい生活をめざし、自分の勤務する学校を少しでもよくしていくために、「今できること」をするしかないわけです。

　本書を通して、教頭・副校長のみなさんそれぞれがご自

身のやり方を見つめ直すきっかけとなり、少しでも業務改善に資することになれば幸いです。

　最後になりましたが、本書の書籍化にご尽力くださいました教育開発研究所の桜田雅美様、編集部の皆様に厚く御礼申し上げます。

余郷和敏

■著者紹介■

余郷 和敏（よごう・かずとし）
玉川大学客員教授／元全国公立学校教頭会顧問

東京都公立小学校教諭、東京学芸大学附属竹早小学校教諭、公立小学校副校長、公立小学校校長を経て、現職。全国公立学校教頭会顧問、文部科学省学校現場の負担軽減プロジェクトチーム委員等を歴任。主な著書に『働き方が変わる！できる教頭・副校長の仕事のワザ97』（単著）、『教頭・副校長1年目のあなたに伝えたいこと』（編著）（教育開発研究所）他多数。

これからの働き方を変える！
できる教頭・副校長の仕事のワザ102

2025年4月30日 第1刷発行

著 者	余郷 和敏
発行者	福山 孝弘
発行所	株式会社 教育開発研究所
	〒113-0033 東京都文京区本郷 2-15-13
	TEL 03-3815-7041 ／ FAX 03-3816-2488
	https://www.kyouiku-kaihatu.co.jp
表紙デザイン	長沼 直子
印刷・製本	中央精版印刷株式会社

ISBN978-4-86560-607-2　C3037
落丁・乱丁本はお取り替えいたします。定価はカバーに表示してあります。